AF451250

EL AMOR QUE TE MARCA

Los 4 estilos de apego y su impacto en tus relaciones

Silvina Bucci

EDIQUID

EL AMOR QUE TE MARCA
Los 4 estilos de apego y su impacto en tus relaciones
© Silvina Bucci

Editado por: Corporación Ígneo, S.A.C.
para su sello editorial Ediquid
José Olaya 169, Ofic. 504, Miraflores. Lima, Perú
Primera edición, octubre, 2024

ISBN: 978-612-5160-79-9
Tiraje: 50 ejemplares

Hecho el Depósito Legal en la Biblioteca Nacional del Perú N° 2024-10080
Se terminó de imprimir en octubre de 2024 en:
ALEPH IMPRESIONES SRL
Jr. Risso Nro. 580 Lince, Lima

www.grupoigneo.com
Correo electrónico: contacto@grupoigneo.com | Teléfono: +51 955 071 270
Facebook: Grupo Ígneo | X: @editorialigneo | Instagram: @grupoigneo

Colección: Integrales

Contenido

Introducción

En el corazón de nuestras relaciones amorosas se encuentran patrones emocionales que pueden ser la fuente de nuestras mayores alegrías como de nuestras más profundas angustias. Estos patrones, formados desde la infancia, influyen en cómo nos relacionamos, cómo amamos y cómo nos dejamos amar.

El amor que te marca es una exploración profunda de los lazos emocionales que forman la base de nuestras relaciones más importantes. A lo largo de este libro te hablaré de cómo nuestras experiencias tempranas afectan nuestras interacciones adultas y cómo estos vínculos emocionales pueden dejarnos marcas duraderas. Estas marcas no solo reflejan nuestro pasado, sino que también modelan nuestro presente y nuestro futuro en el ámbito del amor y las relaciones.

¿Te has preguntado por qué caes en ciertos patrones en tus relaciones? ¿Por qué, aunque estés en el mejor momento de tu relación, sientes que tu pareja te va a dejar? ¿O por qué te dan ganas de alejarte cuando empiezas a sentir que tu pareja está demasiado comprometida en la relación? El viaje hacia el entendimiento de nuestras relaciones comienza con la introspección, por eso, a medida que avances en la lectura de estas páginas, descubrirás cómo identificar tus propios patrones emocionales y cómo estos se manifiestan en tus relaciones cotidianas. Aprenderás a reconocer los signos de relaciones saludables y aquellas que pueden ser perjudiciales para tu bienestar emocional.

El amor que te marca es una invitación a profundizar en ti mismo, a comprender las raíces de tus emociones y a tomar el control de tu vida amorosa. No importa cuán marcadas estén tus experiencias pasadas, siempre hay una oportunidad para el crecimiento y la transformación.

Prepárate para un viaje revelador que te llevará a través de las complejidades del amor y el apego, y te permitirá descubrir cómo puedes vivir y amar de una manera más plena y auténtica.

Agradecimientos

A mi nieta Emilia, la luz de mis ojos. Tu sonrisa y tu mirada me llenan de felicidad cada día.

A mis hijos, su cercanía, su amor, sus risas y su energía son mi mayor inspiración y motivación. Me siento absolutamente orgullosa de cada uno de ustedes y admiro profundamente su manera de navegar por los desafíos con una madurez y serenidad inspiradoras y una unión inquebrantable.

A Diego, mi amor, soy feliz de tenerte cerca; te amo más de lo que las palabras pueden expresar.

A mi mamá, por ser mi primer ejemplo de amor y dedicación. A mi papá Hugo, llegaste más tarde a mi vida, pero dejaste una marca amorosa en mí. ¡Te quiero!

A mis hermanos, que están siempre conmigo sin importar la distancia. Valoro cada conversación, cada risa y cada momento que compartimos juntos.

A mis sobrinos y a mi sobrino nieto Francesco, a mi familia y amigos, no importa qué tan seguido los vea, cada uno de ustedes es especial para mí.

Y, finalmente, a ti, que estás leyendo este libro. Gracias por tomarte el tiempo de explorar estas páginas.

Prólogo

Las relaciones humanas son la piedra angular de nuestra existencia. Desde el primer aliento, buscamos la calidez y el consuelo de quienes nos cuidan. Estos primeros vínculos no solo nos brindan seguridad y protección, sino que también sientan las bases de cómo nos relacionaremos con el mundo a lo largo de nuestra vida. A lo largo de los años, la investigación en psicología ha revelado que estas conexiones tempranas son mucho más significativas de lo que inicialmente podríamos haber imaginado. La teoría del apego, desarrollada por John Bowlby y enriquecida por la investigación de Mary Ainsworth, nos proporciona una lente poderosa para comprender estas dinámicas.

Mi propio viaje en la comprensión del apego nació al observar tanto mi vida personal como la de mis pacientes, cuando noté patrones recurrentes que parecían resistirse al cambio. En un mundo donde las conexiones significativas pueden parecer cada vez más difíciles de alcanzar, este libro pretende ser una guía para navegar las complejidades de las relaciones humanas.

No se trata de categorizar a las personas que conoces en diferentes estilos de apego, sino de ofrecer un camino hacia la comprensión y la transformación personal. Comprender el estilo de apego que tenemos es importante porque es la plantilla modelo que cada persona tiene para construir sus relaciones en la adultez. Al entender nuestro propio estilo de apego y el de aquellos con quienes interactuamos, podemos abrir la puerta a relaciones más significativas.

Te invito a leer con una mente abierta y el corazón dispuesto. Juntos exploraremos cómo los cuatro estilos de apego moldean nuestras vidas y cómo podemos usar este conocimiento para construir relaciones más profundas y satisfactorias.

Capítulo 1

Orígenes y desarrollo de la teoría del apego

Antes de entrar de lleno en el surgimiento de esta maravillosa teoría, quiero decirte que la teoría del apego está basada en cómo el niño vivió su crianza. Esto no implica, de ninguna manera, un juicio sobre los padres, sino conocer el impacto que tiene en el niño la respuesta de sus cuidadores a sus necesidades. No siempre lo que uno interpreta de una situación es la verdad absoluta. Por ejemplo, puedes estar en una relación y sentirte abandonado, incluso si tu pareja está allí. La persona no se fue, no te dejó, y probablemente ni siquiera siente que te está abandonando, pero tú sí lo sientes, y para ti, hay necesidades que no se están cubriendo, incluso si esa persona está a tu lado.

Entendemos como estilo de apego el conjunto subconsciente de reglas que tienes para el amor y la conexión. Estas reglas dan forma a tus creencias, necesidades, expectativas y a cómo te comunicas y estableces límites con los demás.

El creador de la teoría del apego, el psicoanalista John Bowlby, nació en 1907 en Londres, Inglaterra. La educación de Bowlby en medicina en la Universidad de Cambridge y su trabajo posterior como psiquiatra lo expusieron a varias teorías psicológicas prevalecientes en ese momento, incluido el psicoanálisis y el conductismo. Una de las influencias fundamentales para el desarrollo de esta teoría fue el estudio del comportamiento animal en entornos naturales, con énfasis en la importancia evolutiva de los comportamientos e instintos que promueven la supervivencia y la reproducción. Bowlby trazó paralelismos entre las conductas de apego observadas en los animales, como la dinámica natural de los patitos, y las conductas instintivas de los bebés humanos hacia sus cuidadores.

Los primeros trabajos de Bowlby se centraron en los efectos de la privación materna, impulsados por sus observaciones de niños perturbados en hospitales y la separación de niños de sus familias en tiempos de guerra. Su «hipótesis de la privación materna» sugería que la ausencia o pérdida de un cuidador principal, especialmente durante la primera infancia, podría tener efectos negativos profundos y duraderos en el desarrollo emocional y social del niño.

Bowlby mantuvo la opinión de que el vínculo más fuerte de todos es el que se establece entre la madre y el bebé. En su opinión, este es el más importante de los vínculos porque es la primera conexión que establece el bebé. En su trabajo como psicólogo trató a niños con distintas dificultades a nivel psicológico, y durante este tiempo se dio cuenta de lo importante que es la dinámica que se establece entre padres e hijos. También se percató del efecto que esta dinámica podía tener en el desarrollo social, emocional y cognitivo de los seres humanos. Todo esto le llevó a desarrollar la teoría en la que definió el apego de la siguiente manera: «El apego es un vínculo emocional profundo y duradero que conecta a una persona con otra a través del tiempo y el espacio».

Al explorar más a fondo la relación entre el cuidador principal y su bebé, Bowlby, junto a su compañero en esta investigación, el psiquiatra y psicoanalista James Robertson, descubrió que los niños, cuando eran separados de uno de sus progenitores, mostraban constantemente signos de angustia y observaron que no se podía consolar a los niños cuando uno de los padres estaba ausente, entendiendo así que el apego se distingue por comportamientos específicos de los niños hacia sus padres.

1.2 Cómo se desarrolla el estilo de apego

Los estilos de apego no nacen con nosotros; se desarrollan a través de experiencias y cambios en nuestro cerebro. Estas diferentes formas de apego se forman a través de interacciones tempranas de los infantes con sus cuidadores. La forma en que tus cuidadores respondieron cuando expresaste una necesidad o una emoción juega un papel fundamental en la configuración de tu estilo de apego. Y la repetición de esas experiencias y las emociones que sentiste crean vías neuronales que solidifican estos patrones en tu subconsciente.

La ruptura en la conexión entre el niño y el cuidador puede llevar al infante a sentir abandono emocional y físico, a no sentirse atendido, priorizado, importante, suficiente, amado, visto o comprendido por los padres, es decir, a no sentirse seguro con sus padres o a no confiar en que ellos satisfagan sus necesidades.

Bowlby creía que el apego tiene cuatro características distintivas:

- **Mantenimiento de proximidad**: Es el deseo de estar cerca de las personas a las que estamos apegados.
- **Refugio seguro:** Regresar a la figura de apego en busca de comodidad y seguridad frente a un miedo o amenaza.
- **Base segura:** La figura de apego actúa como una base de seguridad desde la cual el niño puede explorar el entorno que lo rodea.
- **Angustia por separación:** Es la ansiedad que se presenta ante la ausencia de la figura de apego.

El doctor Bowlby también desarrolló tres ideas fundamentales sobre su teoría. Primero, sugirió que cuando los niños son criados con la confianza de que su principal cuidador estará disponible para ellos, es menos probable que experimenten miedo a diferencia de quienes son criados sin esa confianza.

En segundo lugar, creía que esta confianza se forja durante un período crítico del desarrollo, especialmente durante los primeros dos años de la infancia (impresionante, ¿verdad?). Las expectativas que se forman durante ese período tienden a permanecer relativamente sin cambios el resto de la vida de la persona. De ahí que el apego sea tan importante.

Finalmente, sugirió que estas expectativas que se forman están directamente ligadas a la experiencia, es decir, el niño desarrolla expectativas de cómo sus cuidadores responderán a sus necesidades simplemente porque en el pasado respondieron así.

1.3 El impacto de las experiencias de la infancia

Como explica el Dr. Bowlby, las experiencias de la infancia, especialmente aquellas antes de los 24 meses de edad, influyen de forma significativa en tu mente subconsciente. Estas interacciones que suceden tan temprano en nuestras vidas a menudo determinan cómo te percibes a ti mismo y a los demás en las relaciones. Por ejemplo, un padre/madre crítica podría conducir a creencias internalizadas de indignidad, mientras que un entorno negligente podría fomentar el miedo a depender de los demás.

Si podemos confiar en nuestros padres, podemos confiar en los demás, y si tenemos una emoción difícil, la respuesta de nuestros padres a esa emoción nos enseñará cómo esperar que los demás reaccionen a nuestras emociones. Si sentimos que somos apreciados por ser nosotros mismos con nuestros padres, aprenderemos que es seguro y está bien mostrar nuestro yo auténtico a los demás.

Si lo que vivimos es que nuestros padres ignoran nuestros límites, aprenderemos a creer que nuestras emociones no importan y que no debemos intentar establecer límites en nuestras relaciones.

Si un niño no puede confiar en que sus propios padres satisfagan sus necesidades, el niño se desarrolla en lo que siente como escasez de respuesta a su emocionalidad y, por esto, crea maneras de lograr satisfacer sus propias necesidades, lo que resulta en el desarrollo de comportamientos no tan saludables que generan creencias que generalmente se dividen en dos categorías principales: «Me esforzaré demasiado en que otros satisfagan mis necesidades» o «evitaré buscar que otros satisfagan mis necesidades».

Estas dos creencias por lo general conducen a comportamientos que pueden incluir ansiedad, evasión, codependencia, autoabandono, perfeccionismo, preocupación, autosabotaje, complacencia extrema y evitación de la vulnerabilidad.

Tengamos en cuenta que los estilos de apego temprano pueden no ser exactamente los mismos que los de las relaciones adultas, pero sí pueden ser un buen predictor de los patrones de comportamiento de los adultos. Tu estilo de apego consiste en una variación de estrategias para relacionarte que dependen de la seguridad general que hayas sentido en las relaciones.

1.4 El experimento de la situación extraña

Mary Ainsworth, psicóloga y profesora de universidad en el área de psicoanálisis y psicología del desarrollo, llamada «la madre de la teoría del apego», fue la pionera en desarrollar la primera herramienta para evaluar el tipo de apego en niños. La psicóloga estadounidense quiso estudiar más detalladamente los tipos de apego y, para esto, en 1969 creó un experimento llamado «la situación extraña». La investigación que llevó a cabo haciendo uso de la técnica de la situación extraña reveló los profundos efectos del apego en el comportamiento.

Las representaciones de apego comienzan a desarrollarse y se pueden observar conductas de apego cuando los bebés son preverbales y, por lo tanto, se puede suponer razonablemente que preceden al desarrollo de creencias centrales de evaluación de uno mismo y de los demás (Ainsworth, 1978).

En este estudio, los investigadores observaron a niños de entre 12 y 18 meses mientras respondían a una situación en la que los dejaban solos brevemente y luego se reunían con sus madres. Se estudiaba cómo reaccionaban los niños ante la ausencia de la madre y la presencia de un extraño.

Más concretamente, en este estudio se dejaba a las madres y sus bebés jugando en una habitación con juguetes en el suelo y con varios otros adultos que entraban y salían de la habitación. En algún momento, las madres se levantaban y salían de la habitación sin su hijo y, después de un tiempo, regresaban. El objetivo de este estudio era observar cómo los niños respondían primero a la partida de su cuidador y luego al regreso de este.

La habitación en la que tenía lugar el experimento contaba con vidrio unidireccional para que los investigadores pudieran observar las reacciones de los niños. En el estudio participaron un total de cien familias estadounidenses de clase media.

El estudio contó con ocho fases diferentes:

- **Fase 1.** Madre, bebé y experimentador. En esta fase el observador introduce a la madre y al bebé en una sala experimental con juguetes. Dura aproximadamente 30 segundos.
- **Fase 2.** Madre y bebé. El bebé se dedica a explorar la sala y los juguetes mientras que la madre no participa de la actividad.
- **Fase 3.** El extraño se une a la madre e hijo/a. Es el momento en que entra un desconocido a la sala. Durante el primer minuto permanece en silencio para conversar

con la madre en el segundo minuto. Durante el tercer minuto el desconocido comienza a aproximarse al bebé.

- **Fase 4.** La madre deja al bebé y a la persona extraña solos. Es el primer episodio de separación en el que la madre abandona la sala. La conducta del desconocido se coordina con la del bebé.
- **Fase 5.** La madre regresa y el extraño se va. Es el primer episodio de reencuentro. La madre entra, saluda y reconforta al bebé intentando que éste vuelva a su actividad de juego.
- **Fase 6.** La madre se va dejando al bebé. Se trata de la segunda fase de separación.
- **Fase 7.** Vuelve el extraño. Entra el extraño para intentar interactuar con el bebé, esta vez sin estar la madre presente.
- **Fase 8.** La madre regresa y el extraño se va. Cuando entra la madre, toma al bebé en brazos y el extraño abandona la sala.

Al aplicar todas estas situaciones, los investigadores pudieron observar las reacciones de los niños en todas ellas. Algunos niños exploraron y jugaron libremente cuando su madre estaba en la habitación, se angustiaron cuando ella se fue y luego pudieron calmarse y consolarse a su regreso. Estos niños fueron etiquetados con apego seguro.

Otros niños tendían a evitar o ignorar a las madres, mostraban poca emoción cuando se iban o cuando regresaban y fueron difíciles de consolar cuando la madre regresó. Y otros mostraron comportamientos inconsistentes.

La extraña situación reveló distintos estilos de apego:

- **Apego seguro:** estos bebés que pueden explorar con confianza su entorno con el cuidador como base segura, mostrando angustia ante la separación y alegría ante el reencuentro.

- **Apego ansioso:** estos bebés muestran angustia al separarse de su cuidador, pero reacciones mixtas al reunirse, a menudo mostrando un comportamiento pegajoso.
- **Apego evitativo:** estos bebés parecen indiferentes a la presencia o ausencia del cuidador, mostrando mínima angustia al separarse y evitación al reunirse.

Más tarde, los investigadores agregaron un cuarto estilo de apego llamado apego desorganizado. Desde entonces, varios estudios han apoyado los estilos de apego de Ainsworth. Estas clasificaciones proporcionaron una forma estandarizada de evaluar los patrones de apego y sentaron las bases para comprender cómo las experiencias tempranas de apego dan forma a las relaciones interpersonales posteriores.

Mi consejo a las madres es que no pierdan ninguna oportunidad de mostrar afecto a sus bebés. No duden en alzar a un bebé que desea estar en brazos. No sientan que tienen que limitarlo, porque es bueno para él que estén tan pendientes, especialmente durante el primer año (Mary Ainsworth).

1.5 El impacto del estilo de apego en las relaciones de pareja

¿Has notado patrones repetidos en el tipo de parejas que eliges? ¿Te has preguntado por qué siempre acabas en situaciones similares (incluso con diferentes parejas)? ¿Te vuelves celoso? ¿Tiendes a involucrarte en la relación más que la otra persona? ¿Te gusta alguien, pero cuando la cosa se pone seria huyes de la relación? Si has notado un patrón de conductas poco saludables o que afectan negativamente a tu bienestar emocional, podría ser interesante profundizar y explorar la forma en la que te apegas y estableces vínculos con otras personas.

La teoría del apego propone que los patrones tempranos de apego tienden a persistir hasta la edad adulta, moldeando las tendencias de las personas a buscar proximidad a sus seres queridos en momentos de estrés y su capacidad para confiar y apoyar emocionalmente a los demás. Los críticos e investigadores de la teoría del apego han destacado la necesidad de considerar también de qué manera los contextos culturales dan forma a la dinámica del apego e influyen en la validez de las clasificaciones del apego.

Si bien la forma de relacionarnos en nuestra adultez puede no corresponderse exactamente con los apegos de nuestra infancia, definitivamente nuestras primeras relaciones con nuestros cuidadores desempeñan un papel fundamental en nuestro desarrollo. Es parte de la naturaleza humana buscar el contacto con otros seres humanos y tratar de establecer relaciones. De hecho, la necesidad de pertenecer es una de las principales fuerzas que nos impulsa como individuos. Sin embargo, el amor y las relaciones suelen ser un poco más complicadas y no tan simples como nos gustaría que fueran.

El apego es un sistema innato que nos impulsa a buscar protección. Cuando se presenta una situación de amenaza, la tendencia es buscar cercanía con esa persona que esperas que te brinde apoyo y que funcione como refugio seguro. Ese refugio seguro tiene la función de reducir el estrés y regular las emociones hasta sentir nuevamente seguridad. Luego, esa figura de apego funciona como base segura, que permite que uno pueda volver a salir a explorar, sabiendo que puede volver ahí y encontrar nuevamente seguridad.

Entonces, el sistema de apego funciona como un dispositivo de regulación emocional. A partir de la calidad percibida en las experiencias de cuidado se generan modelos operativos internos o esquemas afectivo-cognitivos, respecto de ti mismo: ¿Cuánto valor tengo ante los demás?; y sobre los otros ¿son confiables los demás?

Cuando uno es niño, quizás tiene un padre muy crítico, que se dice a sí mismo que tiene que preparar a su hijo para el mundo real, con esa frase tan escuchada: «que se haga hombre». Entonces se comporta hacia su hijo de cierta forma, sin tener en cuenta que ese niño no tiene conciencia de que su padre tiene una teoría. El niño lo que sabe es que simplemente siente una falta de empatía, y se dice a sí mismo: «no sé hacer nada bien», «seguro hay algo malo en mí», «no soy lo que él esperaba». El niño le adjudicará a las acciones de su padre su propia interpretación y así formará sus creencias sobre quién es y sobre quién será en sus relaciones.

Si las personas tuvieron experiencias interpersonales efectivas que les permitieron sentirse seguras, su tendencia será que en momentos de estrés utilizarán esa estrategia de apego, buscando proximidad con sus figuras significativas. En cambio, si las experiencias interpersonales no fueron efectivas, desarrollarán estrategias secundarias, como la hiperactivación del sistema de apego (ansiedad asociada al apego) o la desactivación del sistema de apego (evitación asociada al apego).

En términos de regulación emocional, la seguridad del apego se asocia con la habilidad para identificar, pensar y comprender los propios estados mentales, habilidades de autorregulación, expresión flexible y abierta de las emociones frente a la pareja y búsqueda de apoyo cuando se necesita. Por el contrario, la ansiedad asociada al apego se relaciona con dificultades para regular las emociones negativas, dependencia emocional, búsqueda externa de la regulación e hipervigilancia.

Las estrategias de regulación emocional asociadas a la evitación del apego se expresan como una menor búsqueda de apoyo de la pareja, distanciamiento emocional, tendencia a suprimir las emociones y dificultad para identificarlas. Las dificultades de regulación emocional y la inseguridad del apego se asocian con la calidad de la relación en la pareja, y se ven en comunicación no resolutiva, menor satisfacción general en la relación, mayor presencia de violencia y dificultades para perdonar.

Por esto mismo, queda entendido que las dificultades en la regulación emocional pueden ser un mecanismo que muestra la relación que hay entre la calidad del apego y la relación de pareja. Hubo dos investigaciones sobre este tema específico: el primer estudio estuvo compuesto por una muestra de 220 parejas heterosexuales, quienes respondieron cuestionarios respecto al apego adulto, estrategias de regulación emocional y satisfacción en la relación. Los resultados indicaron que, a nivel individual, las dificultades en la regulación emocional medían la relación entre inseguridad del apego y la satisfacción de cada uno en la pareja. Además, se encontró que la inseguridad del apego en uno de los miembros de la pareja incide en la satisfacción del otro miembro de la pareja respecto a la relación.

El segundo estudio tuvo como objetivo conocer cuál es el rol de las dificultades de regulación emocional y el impacto que tiene la presencia de apego inseguro en la capacidad de perdón en la pareja. La muestra se compuso por 369 personas, quienes respondieron cuestionarios respecto del apego adulto, estrategias de regulación emocional y perdón en la pareja. Se encontró que la ansiedad y la evitación se asocian directamente tanto a las dificultades en la regulación emocional como a las diferentes dimensiones del perdón en la pareja.

Específicamente, la ansiedad del apego se relaciona con mayor benevolencia y menos distanciamiento; mientras que la evitación se relaciona con mayor distanciamiento y sentimientos de venganza, y menor benevolencia con la pareja. En conclusión, se demostró que la presencia de dificultades de regulación emocional solo es significativa en la dimensión de distanciamiento con la pareja y no tanto en la capacidad de perdón. En pocas palabras, la inseguridad del apego y las dificultades de regulación emocional se relacionan con una menor satisfacción en la pareja.

Es importante tener en cuenta que nuestro estilo de apego se desarrolla de manera temprana, sí, pero se afianza en la infancia y se termina de acentuar en la adolescencia. También es necesario mencionar que nuestra forma de apego puede cambiar de acuerdo con el estilo de apego de la persona con la que nos estamos relacionando. Para esto, acompáñame a ver en detalle los diferentes estilos de apego.

Tu estilo de apego suele influir en tres áreas principales de tus relaciones: la primera es en la forma en que te comunicas y expresas tus necesidades y emociones; la segunda es la forma en la que te presentas en un conflicto y la tercera es en las expectativas que tienes sobre las relaciones.

Aunque en el próximo capítulo comenzaré a desarrollar en detalle cada estilo de apego, te cuento algunas diferencias que pueden marcar la forma de relacionarnos, por ejemplo, en la forma en que nos comunicamos con nuestras parejas, ya que cada estilo tiene sus propias características. Las personas con un estilo de apego seguro tienden a comunicarse abiertamente, a expresar sus necesidades con claridad y a escuchar activamente a sus parejas. Por el contrario, aquellos con un estilo de apego ansioso pueden mostrar apego, analizar demasiado y tener una tendencia a buscar tranquilidad constante. Las personas evitativas a menudo tienen dificultades con la expresión emocional y pueden retraerse o descartar las emociones de su pareja. Las personas con estilo de apego desorganizado pueden alternar entre alejar a su pareja y buscar cercanía.

La confianza, que es un componente fundamental de las relaciones, especialmente las amorosas, también se ve afectada según el estilo de apego. Las personas con apego seguro tienden a tener una base sólida de confianza, ya que creen en la confiabilidad y disponibilidad de sus parejas. Las personas con estilo ansioso pueden tener problemas de confianza profundamente arraigados, dudando a menudo del compromiso de su pareja y buscando reafirmar su tranquilidad. Las personas evitativas pueden tener dificultades para confiar en los demás y prefieren la independencia y la autosuficiencia emocional. Las personas con estilo desorganizado oscilan entre el deseo de intimidad y el miedo a ser heridos, lo que les dificulta a ellos y a sus parejas establecer la confianza que necesitan.

La buena noticia es que, si desarrollaste un estilo de apego inseguro en la infancia, al entender estos patrones puedes crear un apego seguro y tener relaciones sanas y felices, ya sean románticas, familiares o de amistad.

Capítulo 2

Apego seguro

El niño con apego seguro en el estudio «la situación extraña» es un niño que, cuando se separa de sus padres, aunque muestra cierta angustia y estrés, es capaz de calmarse; cuando su cuidador (padre o madre) regresa, está emocionado de verlo, quizás incluso lo abraza, y después vuelve a jugar solo relativamente feliz.

El apego seguro se forma cuando un niño recibe de forma **consistente** respuestas apropiadas a sus necesidades. Es decir, que quien aporta a que se desarrolle un estilo de apego seguro es un cuidador que muestra constantemente estar disponible para las necesidades emocionales y físicas del niño, que no puede todavía cuidarse a sí mismo. Por este motivo es muy importante que el niño sienta que tiene una base segura a la cual acudir para cubrir sus necesidades. Se trata de un padre o cuidador que está cerca pero deja que su hijo explore; a veces juega con él y a veces deja que juegue de forma independiente, quizás se queda en el mismo cuarto donde el niño está jugando o cerca de ese cuarto. No lo sobreprotege, pero le demuestra constantemente que, si necesita apoyo, comida, o cualquier otra cosa, estará cerca y disponible.

En general, tenemos tres estilos de crianza: autoritario, permisivo y autoritativo. El autoritario es cuando los padres son muy dominantes, el permisivo es cuando no hay reglas, y el autoritativo está en el medio, de una forma más dialogante. Estos padres imponen reglas, pero también son flexibles y conversan con sus hijos. La pregunta en realidad es cómo los padres pueden fomentar este apego seguro, especialmente cuando el niño tiene mucha ansiedad o hace caprichos y rabietas al separarse de sus padres.

Los padres y el temperamento del niño se alimentan de energía mutuamente. Algunos niños son más sonrientes y hacen más contacto visual, mientras que otros son más quisquillosos. Los niños perciben las emociones de sus cuidadores, lo que puede aumentar la ansiedad del niño si el padre también se muestra ansioso. Por ejemplo, si una madre está encima de su hijo constantemente pensando que, si suelta su mano por un momento, se puede golpear o le puede suceder algo, probablemente cuando el niño se suelte de la mano, ella tendrá una reacción aprehensiva.

De esta forma, cuando el niño ve esto en su cuidador, se vuelve más ansioso y dependiente. Si la reacción es exagerada, el niño también reacciona exageradamente. La clave es encontrar un equilibrio entre estar presente y fomentar la independencia, no ser sobreprotector ni autoritario. Por esto, un punto a resaltar es que los padres deben manejar sus emociones para no transmitir ansiedad al niño, asegurándose de estar presentes cuando se les necesita sin exagerar en el control.

Niños con apego seguro:

- Son capaces de separarse de sus cuidadores.
- Buscan el consuelo y protección de sus cuidadores cuando están asustados.
- Cuando sus cuidadores regresan los saludan con emociones positivas.
- Prefieren a los cuidadores frente a los desconocidos.

Un adulto con estilo de apego seguro en la infancia tuvo un cuidador que estaba disponible, que era empático y que supo ver y cubrir las necesidades del niño, aceptando su individualidad y ayudándole a regular sus emociones desde el afecto. Si lloraba, sus padres venían a ver qué pasaba, intentaban averiguar qué estaba mal y satisfacer sus necesidades. Con el tiempo, esta repetición de respuesta y la emoción involucrada condicionan su subconsciente.

Básicamente, aprenden que:

- Si expreso mis emociones, entenderán lo que necesito y me lo proveerán.
- Es seguro expresar mis necesidades.
- Es seguro confiar en los demás.
- Me aman incluso cuando estoy molesto y fastidioso.

Por lo tanto, se sienten dignos de conexión y de amor simplemente por ser quienes son. En la adultez, el estilo de apego seguro implica que una persona se sienta cómoda expresando sus emociones abiertamente. Por lo tanto, los adultos con un estilo de apego seguro pueden depender de sus parejas y, a su vez, dejar que sus parejas confíen en ellos.

Si tu pareja tiene un estilo de apego seguro, por ejemplo, su comunicación por mensaje de texto es moderada, de manera receptiva, pero no abrumadora. No les molestan las rupturas repentinas de conversación que puede tener la persona evitativa y permanecen consistentes en su comunicación con una persona con apego ansioso. Por lo general, envían mensajes de texto con un objetivo en mente y cambiarán a llamada telefónica cuando sea necesario, ya que prefieren la calidez y la intimidad que solo se puede obtener al escuchar la voz de la otra persona.

Las relaciones con alguien con un estilo de apego seguro se basan en la honestidad, la tolerancia y la cercanía emocional. Estas personas tienden a tener una visión positiva de sí mismos y de los demás, por lo que, aunque prefieren tenerla, no buscan excesivamente la aprobación o validación externa. Las personas con apego seguro confían en sus parejas y amigos, y creen que sus relaciones son estables y seguras, y son capaces de disfrutar de la intimidad emocional sin perder su sentido de independencia.

Cómo piensa una persona con apego seguro:

- Yo soy yo y tú eres tú, valoro nuestra relación sin necesitar que seamos uno mismo.
- El comportamiento de los demás hacia mí no me define y no es un reflejo mío.
- Soy mi propia persona y mis emociones, límites y necesidades son válidas.
- Quiero validación, pero no la necesito para que mi realidad sea verdadera para mí.
- Está bien que las personas quieran su espacio, lo respeto sin sentirme rechazado.
- Yo soy responsable de mí y tú eres responsable tuyo. No espero que otros se ocupen de mis necesidades y emociones todo el tiempo.
- Respeto que estés en desacuerdo conmigo y eso no significa que mi opinión o perspectiva sea incorrecta o que tenga que cambiar de opinión.

El apego seguro se considera el estilo más saludable. Las personas con un estilo de apego seguro tienden a sentirse cómodas con la intimidad y también con la autonomía. Forman relaciones estables y de confianza y comunican eficazmente sus necesidades y emociones. Son receptivos con sus parejas y brindan apoyo cuando es necesario, y a menudo se sienten atraídos por adultos y compañeros con apego seguro.

Cuando interactúan con otros estilos de apego que son inseguros, es posible que se pregunten qué pueden hacer para ayudar a su pareja, aunque puede que les preocupe quedarse atrapados con alguien que no es tan seguro como ellos.

La capacidad de tener un estilo de apego seguro depende de poder sentirte lo suficientemente seguro como para ser tú mismo, de ser auténtico y poder confiar en que tu pareja satisfará tus necesidades humanas, pero que si esto no ocurriera, tú eres capaz de satisfacerlas.

En las relaciones románticas, las personas con apego seguro pueden juzgar cada relación de manera única, sin aplicar un estilo fijo a todas. Estas personas se sienten cómodas en relaciones cercanas, pero también pueden estar bien estando solas por unos días. No se angustian demasiado cuando están solos y, aunque hayan tenido malas experiencias, pueden recuperarse y seguir adelante después de un tiempo. A diferencia de aquellos con apego inseguro, que tienden a generalizar y evitar nuevas relaciones, las personas con apego seguro aprenden de sus decepciones y continúan con sus vidas.

En el trabajo, son igualmente flexibles. Pueden trabajar solos o en equipo sin sentirse incómodos con la cercanía de sus compañeros. Un estilo de apego seguro también influye en las amistades. Una persona con apego seguro es alguien disponible para sus amigos y mantiene una relación recíproca. Estas personas están felices de dar y también saben pedir lo que necesitan.

Aunque el apego seguro suena ideal, por supuesto que estas personas también tienen su propio conjunto de problemas. La diferencia con este estilo de apego es que ellos enfrentan sus dificultades de manera auténtica y con flexibilidad, utilizando varias estrategias para afrontarlas. En general, las personas con apego seguro son más resilientes, tanto mental como físicamente, y esto demostró estadísticamente que ayuda a que tengan menos enfermedades crónicas y, cuando las tienen, son menos graves. En términos de salud mental, afrontan mejor la depresión o la ansiedad y tienen menos riesgo de desarrollar problemas más serios. Por lo tanto, tener un apego seguro es algo muy positivo.

Quienes tienen un estilo de apego seguro construyen relaciones saludables y duraderas, disfrutan de una mayor satisfacción en sus relaciones y mantienen una cercanía de amistad en la pareja que les hace ser más capaces de manejar los desafíos emocionales y los conflictos que surjan.

La clave en gran parte está en elegirte a ti mismo, y te eliges a ti mismo cuando notas lo que te sucede internamente y actúas de una manera que se alinee con eso externamente, por ejemplo:

- Valorando tu propia paz
- Diciendo lo que quieres decir y haciendo lo que dices
- Estableciendo y respetando tus límites
- Dándote tú mismo la atención que quieres que los demás te presten
- Alejándote del caos
- Honrando lo que sientes
- Identificando lo que necesitas y dándotelo a ti mismo
- Gestionando y calmando tus propias emociones cuando algo que hace la otra persona te molesta para revisar contigo mismo si tus límites están siendo ignorados.

Caso:

Llana y Jacobo, ambos tienen un estilo de apego seguro.

La relación entre Ilana y Jacobo es de confianza, comunicación abierta y apoyo mutuo. Desde el comienzo, su vínculo se ha caracterizado por una base sólida de confianza y respeto en la que ambos se sienten cómodos con la intimidad y son capaces de expresar sus sentimientos y necesidades sin temor a ser juzgados o rechazados por el otro.

Ilana y Jacobo se muestran genuinamente interesados en su bienestar mutuo, lo que crea un ambiente de seguridad emocional en su relación. Esta pareja disfruta de pasar tiempo juntos compartiendo tanto los momentos felices como los desafíos que enfrentan, y cuando surgen conflictos, Ilana y Jacobo abordan los problemas con empatía y disposición para resolverlos constructivamente, escuchando activamente y buscando soluciones que beneficien a ambos.

Ambas partes de la pareja se sienten valoradas y comprendidas, lo que fortalece su conexión emocional. Mantienen un sano equilibrio entre la dependencia y la autonomía, apoyándose mutuamente sin perder su individualidad, y esta habilidad para equilibrar la cercanía y el espacio personal les permite crecer tanto como individuos como en pareja.

La relación de Ilana y Jacobo es un refugio seguro donde cada uno puede ser auténtico y vulnerable, sabiendo que siempre contará con el apoyo incondicional del otro y eligiendo trabajar en terapia su comunicación para poder resolver de una mejor forma problemas que pudieran surgir.

Capítulo 3

Estilo de apego inseguro (1 de 3): apego ansioso

Las personas con apego ansioso recibían respuesta a sus necesidades **ocasionalmente**. Tuvieron un cuidador con dificultad para leer las necesidades del niño; incluso aunque hayan crecido con mucha calidez y muchos cuidados, la inconsistencia es lo que creaba incertidumbre y ansiedad. El niño entonces generó ansiedad por separación y un bajo autoconcepto, lo cual lo hace tornarse hipervigilante y dependiente.

Si en la niñez no sabías si podías confiar en que tus padres estarían allí para ti o no, o si no podías ser tú mismo y recibir amor, aprendiste a ser quien tus padres querían que fueras para obtener aprobación, conexión y amor.

Como adulto, probablemente continúas sintiéndote inseguro de que tu pareja se quede contigo y satisfaga tus necesidades si eres tú mismo. Te cuesta poner límites y descubrir tus estándares sobre cómo quieres que te traten. Tu necesidad de cuidado y tu miedo a que te dejen o rechacen es tan alta que estás dispuesto a sucumbir a situaciones extremadamente angustiantes y a tolerar cualquier comportamiento si esto implica que la otra persona se quede contigo, lo cual, por supuesto, hace que este estilo de apego corra mayor riesgo de tener relaciones abusivas.

Las personas con este estilo de apego tienden a estar en trabajos en los que son parte de un grupo, ya que se sienten más cómodas mezclándose entre los demás. Prefieren esto en lugar de ser incluso el líder de la dinámica del grupo; tienden a ser seguidores y a evitar el conflicto, porque para ellas el conflicto puede significar rechazo o un posible abandono, por lo que tienden a desempeñar roles más pasivos.

Si una persona en la niñez, al expresarse, recibía de sus padres una respuesta de enojo, vergüenza o ignorancia, como adulto puede creer que compartir sus emociones es un riesgo; es común que, al tener este pensamiento, en sus relaciones oculte sus sentimientos porque cree que así mantendrá la conexión. Esto resulta en que mantener a alguien cerca sea más importante que honrarse a sí mismo y a sus sentimientos.

Signos de apego ansioso en el adulto:

- Necesitas que otras personas piensen positivamente de ti para que tú también pienses positivamente de ti.
- Tu valor depende de la aprobación, aceptación o validación de otra persona.
- Ocultas, ignoras o reprimes tus necesidades por miedo a que sean demasiado, porque las experiencias pasadas te enseñaron que tus necesidades no son importantes.
- Sobre analizas las interacciones.
- Te cuesta comunicar tus límites porque te preocupa que tus límites conduzcan a que la otra persona pueda irse.
- Si alguien comienza a alejarse, lo persigues y tratas de hacer lo que quiera para lograr que se quede.
- Te concentras demasiado en lo que otras personas creen que necesitan o sienten y te olvidas de considerarte a ti mismo.
- Miedo, rechazo y abandono.
- Necesidad obsesiva de cercanía y seguridad por parte de tu pareja.
- Actúas para llamar la atención, por ejemplo, intentas poner celosa a tu pareja.
- Crees que eres imperfecto e indigno de ser amado, por lo que continuamente te preguntas si tu pareja te ama.
- Te sobre esmeras para demostrar que eres digno de ser amado.

- Te pones ansioso si tu pareja tarda demasiado en responder un mensaje de texto.
- Te concentras demasiado en las emociones de tu pareja e ignoras las tuyas propias.
- Te autotraicionas para obtener validación externa.

Si el niño sintió que su cuidador mostró poco interés en conocerlo emocional y psicológicamente y desestimó o invalidó sus intereses, en su relación adulta puede pensar que no es suficiente, que no es interesante o que debería avergonzarse y no mostrar quién es realmente para obtener una sensación de validación y aprobación de su pareja.

Si el cuidador estaba demasiado involucrado en satisfacer sus propias necesidades y ponía las necesidades del niño en segundo lugar, en sus relaciones adultas creerá que él no importa, por lo que constantemente antepondrá las necesidades de su pareja a las suyas y se traicionará a sí mismo para mantener una relación. Ve su felicidad posible solo estando en una relación y hace una interpretación de todo lo que dice su pareja.

Pensamientos negativos del estilo de apego ansioso:

- Si me deja me muero.
- Si mi pareja dedica su tiempo libre a realizar una actividad sin mí quiere decir que no disfruta estar conmigo.
- Si le digo que no a algo, mi pareja se enojará y quizás me deje.
- Debo guardarme mis sentimientos y necesidades y no decirlas porque puedo parecerle demasiado exigente a mi pareja.

Distorsiones típicas en los pensamientos de personas con apego ansioso:

- **Culpa y lectura mental:** Por ejemplo, alguien no te responde el mensaje de texto durante más de tres horas y piensas que la persona perdió interés o está molesta contigo. Cuando quizás, la verdadera razón por la que no te respondió el mensaje de texto es que estuvo ocupado/a en el trabajo.
- **Predicción:** Por ejemplo, creer que la persona con la que estás saliendo te va a rechazar o abandonar. Las personas ansiosas continuamente tratan de prepararse para la angustia antes de que suceda, lo cual justamente los lleva a actuar de una manera que les trae angustia inmediata.
- **Razonamiento emocional:** utilizas tus sentimientos como guía, por ejemplo: «Siento que algo anda mal, y por lo tanto debe ser cierto», o «Tengo miedo y me preocupa que mi pareja vaya a romper conmigo; debe ser porque eso va a pasar».

No te sorprendas si tu pareja con estilo ansioso te bombardea con mensajes de texto que pueden aumentar en intensidad y frecuencia si no respondes de inmediato. Cuando se sienten ansiosos pueden enviar 10 mensajes seguidos, mensajes que buscan validación y tranquilidad. Expresan sus inseguridades o dudas, esperando que su pareja responda con palabras de consuelo y afirmación. Esta necesidad constante de validación puede crear tensión y poner a prueba la relación, ya que su pareja puede sentirse asfixiada, abrumada o presionada a brindar tranquilidad constantemente y por la incesante necesidad de atención.

Las personas con apego ansioso están en relaciones porque necesitan desesperadamente que sus parejas satisfagan necesidades que tienen desde hace mucho tiempo y que ellos mismos no saben cómo satisfacer. Necesitan sentirse seguros, comprendidos, suficientes, aceptados, validados y amados por la otra persona porque nunca lucharon por conocerse a sí mismos o tener un sentido firme de identidad, ya que en la infancia era más seguro centrarse exteriormente en las necesidades y emociones de otros. Esto hace que sea difícil para una persona con apego ansioso satisfacer sus propias necesidades porque realmente no se conoce a sí misma lo suficiente como para saber cómo satisfacer sus propias necesidades.

Algo característico en este estilo de apego es ocultar, ignorar o reprimir sus emociones. Esto lo hacen porque han pasado experiencias en las que fueron avergonzados, desestimados o invalidados al expresarlas, es decir, ser emocionalmente vulnerables no les dio de regreso amor o validación. Entonces, aprendieron que era mejor ocultar sus emociones para sentirse amados. Piensan que ocultar esta parte de sí mismos los hará más atractivos, menos necesitados y así obtendrán la validación y aprobación de su pareja.

Quienes tienen un estilo de apego ansioso a menudo se preocupan de que su pareja no corresponda a sus sentimientos, por lo que necesitan muestras constantes de interés de parte de la otra persona. Y, por supuesto, piden esto continua e intensamente, lo cual en muchas ocasiones lleva a la otra persona al límite y esto se traduce en tener rupturas frecuentes, que es otra fase difícil para el ansioso, ya que estas personas se sienten especialmente angustiadas cuando una relación termina.

Su experiencia interna incluye una mayor sensibilidad a las señales de relación, preocupación excesiva y una tendencia a analizar demasiado las interacciones. Tienden a tener una visión negativa de sí mismos, aunque una visión positiva de los demás. Esto significa que pueden ver a su pareja como su «media naranja» literalmente, porque no se sienten completos sin una pareja. Debido a que alguien con este estilo de apego se considera menos digno de amor en comparación con otras personas, la idea de vivir sin su pareja (o estar solo en general) le causa altos niveles de ansiedad.

Para aliviar este miedo al abandono, desean firmemente seguridad en las relaciones, y la atención, el cuidado y la capacidad de respuesta de su pareja tienden a ser el «remedio» para sus sentimientos de ansiedad.

En pocas palabras, las personas con este estilo de apego valoran mucho sus relaciones y a menudo son hipervigilantes ante las amenazas a su seguridad, viven ansiosas y preocupadas de que su ser querido no esté tan involucrado en la relación como ellos. Cuando perciben que dejan de tener esa atención y ese cuidado, suelen sentirse indefensas y, por esto, aferrarse aún más a su pareja o, en su otro extremo, castigarla.

Caso de Romina y Gabriel, en la que ambas partes de la pareja tienen un estilo de apego ansioso:

La relación entre Romina y Gabriel está marcada por una intensa necesidad de cercanía y una constante preocupación por la seguridad del vínculo. Romina siente ansiedad cada vez que Gabriel no responde inmediatamente a sus mensajes, y Gabriel, por su lado, constantemente busca reafirmación de su novia, preguntando si ella realmente lo ama, temiendo continuamente que ella lo deje por otra persona. Esta ansiedad los lleva muy seguido a tener malentendidos que terminan en conflictos entre ellos.

Los dos buscan una conexión profunda y constante, quieren sentirse amados y valorados en todo momento y ambos tienen una fuerte necesidad de aprobación, así como miedo al rechazo o la separación. Esta ansiedad que comparten los ha llevado en muchas ocasiones a comportamientos de búsqueda excesiva de seguridad, como la necesidad de estar en contacto frecuente, pedir reafirmación constante del amor del otro y preocuparse exageradamente cuando no están juntos.

La comunicación en su relación suele ser muy intensa y emocional, aunque afirman que esta intensidad puede crear en algunas ocasiones momentos de gran pasión y conexión y otras veces también puede generar conflictos fuertes. Las discusiones pueden surgir por pequeños malentendidos o por percepciones de falta de atención, y ambos pueden reaccionar de manera exacerbada a señales que interpretan como signos de desinterés por parte del otro.

El miedo al abandono los ha llevado en diferentes momentos a comportamientos de control o dependencia emocional, en los que se volvieron posesivos y celosos, tratando de asegurarse de que el otro esté siempre disponible e interesado en la relación. Esta actitud en una relación puede resultar agotadora y puede generar una sensación de asfixia en la relación, incluso aunque ambos compartan el mismo estilo de apego ansioso.

Caso de Antonio y Marcela, Marcela tiene un estilo de apego ansioso y el estilo de apego de Antonio es evitativo:

La relación entre Antonio y Marcela está marcada por una profunda y constante tensión debido a la diferencia en sus estilos de apego: Marcela tiene un apego ansioso, mientras que Antonio tiene un apego evitativo. Esta combinación puede ser particularmente desafiante y conducir a un ciclo perpetuo de conflicto y frustración.

Marcela, con su apego ansioso, anhela cercanía y seguridad en la relación. Ella siente una necesidad constante de reafirmación y busca frecuentemente la atención y el afecto de Antonio. Su preocupación por el abandono la hace hipersensible a cualquier señal de desapego o distanciamiento, interpretando muchas veces el comportamiento de Antonio como un indicio de desinterés o rechazo. Esta ansiedad se manifiesta en comportamientos como la búsqueda constante de contacto y la demanda de atención, lo que puede llevar a que Marcela se vuelva posesiva o celosa, observando cada paso de Antonio como si fuera un detective.

Por otro lado, Antonio, con su apego evitativo, valora enormemente su independencia y se siente incómodo con la excesiva cercanía emocional que requiere su pareja. Tiende a evitar situaciones que requieran vulnerabilidad o dependencia, y puede retraerse emocionalmente cuando Marcela busca más intimidad de la que él necesita. Esta necesidad de mantener distancia puede hacer que Antonio se vuelva frío o desapegado, reaccionando con evasión o incluso irritación ante las demandas emocionales de Marcela.

La dinámica entre Marcela y Antonio es un tira y afloja constante. Marcela, en su intento de acercarse y sentirse segura, puede presionar a Antonio, lo que a su vez lo hace retirarse aún más, justo el efecto contrario que ella quiere. Esto muchas veces los lleva a que se sientan insatisfechos: Marcela se siente rechazada y Antonio siente que su espacio personal está siendo invadido. Las discusiones son frecuentes y a menudo giran en torno a las mismas cuestiones de necesidad de proximidad versus necesidad de espacio.

La única forma de que esta relación no siga agonizando o fracase completamente es con el esfuerzo y la voluntad de ambos; solo así habrá posibilidades de crecimiento y adaptación. Es crucial que Marcela y Antonio desarrollen una comprensión profunda de sus propios estilos de apego y los del otro. Será fundamental trabajar en la comunicación para poder ser capaces de establecer límites claros y respetuosos que ayuden a equilibrar las necesidades de ambos, permitiendo que la relación se torne más saludable y satisfactoria. Al final, la clave para Antonio y Marcela es el compromiso mutuo para entender y respetar las diferencias de cada uno y respetar sus necesidades individuales.

Capítulo 4

Estilo de apego inseguro (2 de 3): apego evitativo

Ansiosos y evitativos corren, pero hacia dos lados diferentes: las personas ansiosas corren hacia las relaciones y las personas evitativas les huyen.

Si era una constante que los padres del niño no estuvieran disponibles para satisfacer sus necesidades, y la mayoría de los intentos que hizo para que las satisficieran fueron ignorados o rechazados, finalmente el niño, sin esperanza ya de que esto ocurra, dejó de intentarlo. Entonces, como adulto, no se molesta en pedir que alguien satisfaga sus necesidades, porque aprendió en su niñez que es mejor confiar en sí mismo para satisfacerlas. Se vuelve independiente y no pide ayuda o apoyo a los demás.

Quizás el niño sentía que sus padres rara vez intentaban vincularse con él a nivel emocional o quizás pasaba que en su hogar las emociones no eran compartidas, sentidas o expresadas, entonces, como adulto, aprendió que las emociones son algo de lo que no se habla, y tal vez también algo de lo cual avergonzarse. Esto hace que de adulto se desconecte incluso de sus propios sentimientos y se sienta abrumado e incómodo cuando otros comparten los suyos, por lo que mantiene las cosas superficiales. Esa dificultad para reconocer y expresar emociones, y su poca necesidad de cercanía les suele complicar relacionarse de forma efectiva.

Si de niño sentías que no podías confiar en que tus padres estuvieran allí para ti y aprendiste a sentir la seguridad y consuelo que necesitabas retrayéndote, de adulto pones límites más rígidos que mantienen a la gente a una distancia que te protege de sentirte en riesgo y evita tu vulnerabilidad. En el fondo deseas la conexión, pero también tienes miedo.

Es decir, las personas con un estilo de apego evitativo se sintieron constantemente rechazadas o ignoradas por sus cuidadores, sintieron a sus padres poco afectivos o fríos y distantes; por esto, en su vida adulta, tienden a valorar la independencia y la autosuficiencia.

Su experiencia interna implica un deseo de autonomía y un miedo a perder su independencia o ser vulnerable. Las personas evitativas a menudo adoptan comportamientos como el desapego emocional, restan importancia a las relaciones y mantienen una distancia emocional de sus parejas. Estas personas no invierten mucha emoción en las relaciones y experimentan poca angustia cuando una relación termina. A menudo evitan la intimidad utilizando excusas (como el trabajo). Su prioridad no la colocan en el vínculo.

Otras características comunes incluyen la incapacidad de apoyar a sus parejas durante los momentos estresantes y la incapacidad de compartir sentimientos, pensamientos y emociones con sus parejas.

Si tu pareja tiene apego evitativo, puedes esperar la «regla de los tres días» entre mensajes. No esperes recibir un mensaje de texto inmediato y recuerda que esto no se trata de ti, esta acción no tiene nada que ver contigo, bueno, a no ser que tengas un estilo de apego ansioso que hace que la otra persona se abrume y necesite su espacio para luego volver a interactuar. Esto sucede si la persona con estilo evitativo está involucrada e interesada en la relación, porque si esto ocurre en la etapa de citas, es posible que simplemente se convierta en un «fantasma» y deje de responder por completo.

Las personas con este tipo de apego son las que suelen dejar tu mensaje en «visto» pensando que esto no es un problema. Cuando se sienten relativamente tranquilas responderán al mensaje, luego leerán tu respuesta y, si es de nivel relativamente superficial, la responderán rápidamente. Sin embargo, cuando la conversación llega a profundidades personales probablemente esperarán para responder. Necesitan una inversión de tiempo comparable a la longitud y profundidad del mensaje.

Es muy probable que la conversación de una persona evitativa interactuando con una ansiosa vía mensajes de texto descarrile en algún momento, porque la persona evitativa se abrume y se desconecte para siempre, o porque la persona ansiosa explote de nervios por la poca interacción de la evitativa.

Este estilo de personas tiende a estar en posiciones de liderazgo, no tienen problema para decirle a otros lo que tienen que hacer, eligen trabajos que son muy desafiantes y que muchas veces no les deja tanto tiempo para la vida personal (lo que ellos pueden ver como un beneficio). No necesitan una interacción frecuente; incluso en relaciones románticas pueden estar bien viéndote cada 15 días. Muchos prefieren relaciones a larga distancia, así solo tienen que interactuar cada cierta cantidad de tiempo y, mientras tanto, mantener la relación telefónicamente.

Les resulta complicado relacionarse con personas expresivas; pueden juzgarlas por ser demasiado emocionales. Si te ven llorar, probablemente te miren mientras se dicen a sí mismos «si no para en 15 minutos, me voy», pero voy a esperar para que vea que estoy aquí, aunque no sé qué hacer con sus emociones. O quizás, si empiezas a llorar, simplemente miran hacia otro lado porque se incomodan y esto es porque realmente no saben cómo actuar.

Algunas características de las personas con apego evitativo:

- Generalmente son fríos y reservados desde el principio, no quieren cercanía de inmediato, tardan en acercarse.
- En el fondo anhelan conexión, pero retroceden y se retiran por miedo al abandono.

- No se sienten cómodos con las necesidades emocionales de los demás, son más centrados en sus propias necesidades.
- Invierten poca emoción en las relaciones sociales y románticas.
- Sus límites son muy rígidos.
- Minimizan o desestiman las emociones de su pareja.
- Son independientes y capaces de cuidar de sí mismos, no sienten que necesitan el apoyo de los demás.
- Cuanto más intenta alguien acercarse, más tienden a alejarse.
- Puede que no se comuniquen mucho, pero dan a conocer sus necesidades a través de su comportamiento.
- No sienten culpa por tomar espacios para ellos mismos.
- Abrirse y ser vulnerable les incomoda así que lo evitan.
- Pueden acusar a sus parejas de ser demasiado necesitadas emocionalmente.
- Tienen dificultad para formar vínculos cercanos y evitan la intimidad emocional.
- Tienen miedo a perder su individualidad o su autonomía.
- Pueden guardar secretos a su pareja para mantener su espacio.
- Pueden preferir relaciones casuales más que relaciones largas o estables.
- Pueden buscar parejas que son igual de independientes o quizás que no estén disponibles emocionalmente.
- Luchan por confiar en los demás, dudan del compromiso y amor de su pareja.

Para resumirlo, como de niños rara vez veían satisfechas sus necesidades, se creó un patrón de alejamiento y de desconfianza en que sus cuidadores alguna vez satisfagan sus necesidades, así que, como no creen que sea posible, dejan de esperar que eso suceda.

Evitan y también temen sentirse abrumados por la responsabilidad de estar ahí para otra persona emocionalmente, porque posiblemente tuvieron que asumir de manera inapropiada un papel de protectores en la infancia. Luchan por confiar en los demás y ser vulnerables debido a experiencias pasadas de pérdida de confianza y decepciones cuando intentaron lograr una conexión emocional.

En muchas ocasiones exhiben un patrón de exigirse a sí mismos y a sus parejas estándares muy altos, a menudo poco realistas. Pueden volverse demasiado críticos y buscar constantemente la perfección, creando expectativas que son difíciles de cumplir para cualquiera. Esta búsqueda de la perfección puede poner a prueba sus relaciones y provocar una sensación de insatisfacción casi permanente.

Pensamientos negativos del estilo de apego evitativo:

- Si confío en alguien, me decepcionarán, así que mejor no confiar.
- Quiero decirle a la persona con la que estoy saliendo que estoy interesado en una relación, pero tengo demasiado miedo de asustarla, así que no voy a decirle nada sobre cómo me siento.
- Para que tener una relación si no necesito a nadie para cubrir mis necesidades emocionales, e igual, aunque necesitara, no me las va a cubrir.
- La persona con la que salgo me pregunta qué siento por ella y quiere saber si yo nos veo juntos siendo exclusivos. Me gusta, pero me abruma la idea de acercarnos demasiado, quiero correr.

Piensan que compartir con alguien la parte de sí mismos que tiene que ver con sus sentimientos solo los conducirá a una decepción o una amenaza, mejor ser cautelosos y no comprometerse para seguir sintiéndose emocionalmente seguros. En un esfuerzo por sentirse relativamente tranquilo y seguro, se retrae para cuidarse de sentirse inseguro.

Caso de Mariana y Guillermo en la que una de las partes tiene estilo de apego seguro y la otra parte tiene estilo de apego evitativo:

Mariana y Guillermo tienen una relación marcada por la diferencia en sus estilos de apego, lo que crea una dinámica única y desafiante. Mariana, con apego seguro, se siente cómoda con la intimidad y la conexión emocional. Ella confía en Guillermo y espera lo mismo de él, es abierta, comunicativa y no teme expresar sus necesidades y sentimientos. Su disposición para el afecto y la cercanía es constante, y tiene una visión positiva tanto de sí misma como de su pareja.

Por otro lado, Guillermo, que tiene un estilo de apego evitativo, lucha con la intimidad emocional y tiende a ser independiente y autosuficiente, valorando su espacio personal por encima de todo. Guillermo puede parecer distante o desapegado, sobre todo porque evita conversaciones profundas y momentos de vulnerabilidad. Esta necesidad de mantener una barrera emocional a menudo lo lleva a retraerse cuando Mariana busca más cercanía.

La relación entre ellos puede ser un tira y afloja. Mariana, con su naturaleza segura, busca constantemente reforzar el vínculo emocional, mientras que Guillermo, con su tendencia evitativa, puede sentirse abrumado por estas constantes demandas de intimidad. Esta discrepancia puede llevar a conflictos y malentendidos. Mariana podría interpretar la distancia de Guillermo como un signo de desinterés o rechazo, lo que puede causar frustración y tristeza. Guillermo, por su parte, puede sentirse presionado y agobiado, reaccionando con más retirada para proteger su necesidad de espacio.

A pesar de estas diferencias, hay un potencial significativo para el crecimiento mutuo. Mariana puede ofrecer a Guillermo un modelo de apego seguro, enseñándole que la cercanía no implica pérdida de independencia. Con paciencia y comunicación abierta, Guillermo puede aprender a confiar más en la relación y a aceptar la intimidad sin sentirse invadido. Ambos pueden trabajar en construir un equilibrio, donde Mariana pueda respetar el espacio de Guillermo y él pueda abrirse gradualmente a una conexión más profunda. Esta relación, aunque complicada, puede convertirse en una fuente de crecimiento personal y mutuo, siempre y cuando ambos estén dispuestos a comprender y adaptarse a las necesidades del otro.

Caso de Paula y Mario, ambos tienen un estilo de apego evitativo:

La relación entre Paula y Mario es compleja y desafiante, marcada por una fuerte independencia y una falta de intimidad emocional. Ambos valoran su autonomía y tienen dificultades para confiar y abrirse emocionalmente, lo que crea una dinámica de relación que puede parecer distante y fría a los observadores externos. Desde el inicio de su relación, ambos establecieron límites claros en cuanto a su espacio personal. Tienden a evitar conversaciones profundas sobre sus sentimientos y prefieren mantener sus emociones bajo control. Esta necesidad de mantener la distancia emocional puede llevar a una falta de conexión y comprensión mutua, ya que ambos evitan la vulnerabilidad y la dependencia emocional.

La comunicación entre Paula y Mario tiende a ser práctica y superficial. Las discusiones sobre problemas emocionales o conflictos a menudo son esquivadas o minimizadas, lo que puede resultar en una acumulación de resentimientos y malentendidos no resueltos. Aunque ambos disfrutan de la compañía del otro, a veces evitan temas que podrían llevar a confrontaciones emocionales o dejar expuestas sus inseguridades.

En situaciones de estrés o conflicto, los dos tienden a retraerse en lugar de buscar consuelo en el otro, y esta retirada emocional puede hacer que ambos se sientan solos incluso cuando están juntos. La relación puede volverse una coexistencia más que una verdadera unión emocional, lo que afecta la satisfacción general de la relación. Sin embargo, la relación no está necesariamente condenada al fracaso.

Si Paula y Mario están dispuestos a trabajar en sus patrones de apego, pueden aprender a comunicarse de manera más efectiva y a confiar más el uno en el otro. Terapia de pareja o sesiones de consejería pueden ser útiles para ayudarles a comprender sus patrones evitativos y a desarrollar estrategias para aumentar la intimidad emocional y la confianza.

Capítulo 5

Estilo de apego inseguro (3 de 3): apego desorganizado

El apego desorganizado, también conocido como apego evitativo temeroso, es una combinación de los estilos ansioso y evitativo. Este tipo de apego puede surgir por una infancia en la que al menos uno de los padres o cuidadores exhibe un comportamiento que puede ser impredecible, negligente, irresponsable, caótico y en algunos casos incluso aterrador.

El estilo de apego desorganizado es el menos frecuente de los cuatro tipos de apego. Este estilo muchas veces se pasa por alto o se malinterpreta, y creo que vale la pena explorarlo más a fondo. Personalmente, siento mucha empatía hacia las personas que tienen este estilo de apego en particular. He conocido personas maravillosas y las he visto sufrir tratando de controlarse a sí mismas, y es que las personas con apego desorganizado suelen sentir más angustia emocional que otros estilos de apego y hacen todo lo posible para mantener a raya su angustia.

Comprender el apego desorganizado con compasión es el primer paso para ayudar tanto a quienes luchan contra él como a sus seres queridos. Desafortunadamente, a menudo se considera el estilo de apego más difícil de manejar, ya que típicamente se desarrolla en una infancia llena de miedo, inconsistencia e incluso abuso.

Los niños con un estilo de apego desorganizado muestran una clara ausencia de apego. Sus acciones y respuestas a los cuidadores son muchas veces una mezcla de comportamientos que incluyen el evitar, y muchas veces muestran un comportamiento alterado, aturdido, y a veces parecen confundidos o aprensivos en presencia de un cuidador.

Estos niños pueden, sin ser conscientes de que lo hacen, asumir un rol parental, hacerse cargo de la responsabilidad de los demás desde una edad temprana o ser un apoyo emocional para sus padres. Actúan como cuidadores de su propio cuidador, resultado del comportamiento inconsistente por parte de sus progenitores, quienes en algunos casos actúan al mismo tiempo como figuras de miedo y de tranquilidad para el niño, que se siente consolado y a la vez asustado por su cuidador. El niño sentía que tenía que servir a los demás para sentirse conectado, pero nadie estaba en sintonía con sus sentimientos y necesidades.

Este estilo se ocasiona por el comportamiento de sus cuidadores que pueden ser, entre otros:

- Exhibir expresiones o gestos amenazantes hacia el niño.
- Transmitir un comportamiento disociativo (por ejemplo, cambios de humor severos).
- Abuso sexual y/o físico por otro miembro del hogar.
- Presentar un comportamiento de apego desorganizado hacia el bebé (es decir, uno de los padres tiene un estilo de apego desorganizado).
- Burlarse o humillar al niño.
- Buscar tranquilidad de parte del niño/apoyarse en el niño para obtener apoyo emocional.
- Alejarse emocionalmente del niño.
- Separarse del niño por períodos de tiempo inusualmente largos.

Quizás en su hogar pasaban cosas como una casa siempre desorganizada en el sentido más amplio. Quizás el niño llegaba de la escuela y no había comida disponible para alimentarse. Pueden haber recibido el mensaje confuso de «te pego porque te quiero», aprendiendo que la misma persona que me cuida me maltrata. Este comportamiento aterrador puede variar por distintas razones, desde que quizás los padres estaban luchando con ciertas cosas como su propia ansiedad o depresión o hasta con abuso de drogas o alcohol, por lo que no pudieron satisfacer las necesidades del niño de manera consistente, pero el resultado es el mismo.

En la infancia, cuando el niño se acerca a su cuidador en busca de consuelo, este, por su propio estado, no puede proporcionárselo, y como el cuidador no ofrece una base segura, sino que a la vez puede funcionar como una fuente de angustia para el niño, la dinámica que se da es que el niño tiene el impulso de acercarse al cuidador en busca de consuelo, no lo encuentra, entonces se retira.

Las personas que llevan este apego hasta la edad adulta exhibirán el mismo impulso de acercarse y luego retirarse en sus relaciones interpersonales con amigos, cónyuges, parejas, colegas e hijos, es decir, comportamientos contradictorios, de amor-odio, experimentando tanto miedo al abandono como miedo a la intimidad.

Como resultado de tener dificultades con su regulación emocional, sus relaciones son conflictivas, dramáticas y muy inestables. Pueden ser extremadamente inconsistentes en sus comportamientos y experimentar conflicto con sus propias creencias y con la confianza en los demás, y por esto mismo tienen dificultades para mantener relaciones saludables. Las personas con este tipo de apego desconectan la acción del sentimiento.

La persona con este tipo de apego es la que quizás, estando en una conversación, te envía mensajes de texto de manera impulsiva y compulsiva, charlando durante horas y de repente te deja en «visto» durante los siguientes cuatro días.

Un estudio encontró que, en comparación con otros estilos de apego, el apego desorganizado predice más parejas sexuales en la vida y una mayor tendencia a consentir el sexo incluso cuando no es deseado (Favez N., Tissot H., 2019).

De los cuatro tipos de apego, lamentablemente, las personas con apego desorganizado son las que tienen una mayor posibilidad de riesgos psicológicos y por esto son un poco más propensas a la ansiedad, a la depresión y a otros tipos de problemas relacionales, como podrían ser incluso los rasgos de personalidad límite. Cuando hablamos particularmente sobre el miedo al abandono, en muchos sentidos, el tipo de apego desorganizado tiene incluso más miedo al abandono que el tipo de apego ansioso, y es que, a diferencia de quienes tienen un tipo de apego ansioso, no están dispuestos a renunciar a todo su sentido de sí mismos para estar en una relación y, por eso, su miedo al abandono cobra otras dimensiones.

Características que puede tener una persona con apego desorganizado:

- Pueden tener dificultades para establecer y mantener límites saludables en las relaciones, ya sea porque son demasiado rígidos o por ser demasiado porosos.
- Pueden experimentar sentimientos crónicos de vacío, soledad o desconexión, incluso cuando están en una relación.
- Pueden usar comportamientos impulsivos o autodestructivos como una forma de afrontar el dolor emocional o buscar atención.
- Desconfiar que otros puedan cubrir sus necesidades.
- Tener un patrón de relaciones intensas e inestables caracterizadas por rupturas frecuentes, conflictos y volatilidad emocional.
- Dificultad para regular sus emociones, estas pueden ser intensas y abrumadoras.
- Experimentan cambios repentinos de humor o tener problemas para calmarse cuando están molestos.
- Desean conectarse y pueden ser cariñosos, pero se retraerán si se sienten rechazados y pueden volverse rencorosos.

- Historia de dinámicas familiares entrelazadas, muchas veces con una historia de relaciones abusivas en la infancia.
- Son capaces de estar presentes, cálidos y conectados o de cerrarse muy rápido.
- Se resienten y tienen arrebatos emocionales si el dar de su parte no conduce a los resultados que deseaban.
- Sobrepiensan sobre lo que otras personas piensan y sienten, más que sobre lo que ellos mismos piensan o sienten.
- Pueden parecer ansiosos y necesitados, dependientes o sacrificados.
- Pasan tiempo a solas con sus frustraciones sintiendo enojo con respecto a sus relaciones interpersonales.
- Muestran comportamientos contradictorios y respuestas emocionales intensas.
- Oscilan entre el miedo al abandono y el miedo a perderse en la relación por lo que alternan entre buscar cercanía y rechazarla, creando un patrón de acercamiento y evasión.

El haber experimentado un trauma en su infancia les ha hecho desear una relación emocional y positiva, pero como asocian las relaciones a la traición, les queda como resultado un patrón de comportamiento «frío y caliente».

Les cuesta creer que su pareja los ame y apoye tal como son. Estos adultos están siempre a la espera de que llegue el rechazo, la desilusión y el dolor. En su percepción, esto es inevitable.

Los adultos desorganizados tienden a tener una visión negativa tanto de sí mismos como de los demás. Y tienen un mayor riesgo de desarrollar problemas de salud mental, como abuso de sustancias, comportamiento delictivo o agresivo y abuso de sus propios hijos. Uno de los problemas clave en las personas con este estilo de apego es el miedo a que alguien en quien confían les haga daño, para lo cual encuentran una solución muy simple, aunque no sea una solución muy fructífera: no confiar en nadie.

Una persona con estilo de apego desorganizado a menudo se sentirá en conflicto acerca de cómo comportarse en las relaciones, por lo que utilizará estrategias tanto ansiosas (de hiperactivación emocional) como evitativas (desactivación emocional) para calmar sus miedos.

Estos rasgos superpuestos pueden incluir:

- Estar muy presente con los demás (ansioso).
- Ser encantadores con personas extrañas (ansioso).
- Destacarse por su simpatía y diversión (ansioso).
- Ser generosos en sus relaciones cercanas (ansioso).
- Estar muy atentos a la traición (evitativo).
- Ser muy intensos (evitativo).
- Tener un comportamiento sospechoso (evitativo).

Pensamientos negativos que pueden tener de sí mismos:

- Me van a traicionar.
- No estoy a salvo.
- Soy indigno.
- Soy malo.
- Seré abandonado.
- Estoy atrapado.
- Me faltan el respeto.
- No soy amado.
- Soy débil cuando soy vulnerable.

Las personas con este tipo de apego tienden a cuidar de sí mismas y suelen asumir también el papel de cuidadores, lo que los convierte en adultos muy empáticos y al mismo tiempo vigilantes. Para quienes tienen un estilo de apego desorganizado, la pareja y la relación misma suelen ser la fuente tanto del deseo como del miedo. Por un lado, las personas «desorganizadas» quieren intimidad y cercanía, pero, por otro lado, sufren problemas para confiar y depender de los demás. Por su intenso miedo a salir lastimadas, tienen dificultades para identificar y regular sus emociones y tienden a evitar un apego emocional fuerte.

Viven en una eterna confusión en la que piensan que los demás eventualmente los rechazarán, y se retiran de las relaciones antes de que eso suceda. Quieren amor, cercanía y conexión, pero lo temen y lo evitan, y esto lógicamente los lleva a comportamientos que pueden resultar confusos para amigos y parejas románticas. Esta misma naturaleza contradictoria y la presencia de miedos profundos a la intimidad hace que tiendan a mostrar comportamientos confusos y ambiguos en la gran mayoría de sus vínculos sociales.

Caso de Sonia, con un estilo de apego desorganizado, y Jaime, con un estilo de apego evitativo:

Sonia, quien tiene un apego desorganizado, tuvo una infancia marcada por experiencias traumáticas y falta de consistencia en el cuidado emocional, lo que generó en ella una mezcla de miedo y deseo de cercanía. Muy frecuentemente se siente abrumada por la ansiedad en sus relaciones, pero al mismo tiempo tiene el deseo profundo de una relación con intimidad y afecto. La verdad es que sus reacciones son impredecibles y puede pasar de ser extremadamente cariñosa a extremadamente retraída y distante. A veces se define a sí misma incluso como hostil, detectando que esto depende de cómo ella perciba la situación en términos de seguridad emocional.

Jaime, por otro lado, tiene un estilo de apego evitativo. Durante su infancia sus necesidades emocionales no fueron adecuadamente atendidas, lo que lo llevó a desarrollar una independencia emocional excesiva. Para él, la cercanía y la dependencia emocional son vistas como amenazas a su autonomía, por lo que tiende a minimizar la importancia de las relaciones íntimas y evita expresar sus emociones, prefiriendo mantener una distancia emocional segura.

Cuando Sonia y Jaime se conocen y comienzan a salir, la atracción inicial es fuerte debido a la novedad y la química. Sin embargo, a medida que la relación avanza y se profundiza, los problemas comienzan a surgir porque Sonia empieza a buscar cada vez más seguridad y validación emocional de Jaime, pero sus demandas la mayoría de las veces son intensas y caóticas por ese constante miedo al rechazo y al abandono. Esto hace que Jaime se sienta agobiado y retraído, reforzando su tendencia a evitar el conflicto y la intimidad emocional.

Cada vez que Sonia intenta acercarse emocionalmente, Jaime se distancia más, lo que aumenta la ansiedad y el comportamiento errático de Sonia. Este ciclo perpetúa una dinámica negativa donde Sonia se siente constantemente insegura y Jaime se siente atrapado y asfixiado. Sus intentos de resolver los conflictos la mayoría de las veces resultan en discusiones intensas seguidas de periodos de distanciamiento emocional, lo que refuerza aún más sus respectivos estilos de apego.

Para que una relación como la de Sonia y Jaime funcione, los dos tendrían que estar dispuestos a reconocer y trabajar en sus patrones de apego. Sonia necesitaría aprender a gestionar su ansiedad y desarrollar formas más seguras de buscar apoyo emocional, mientras que Jaime tendría que aprender a tolerar la intimidad y expresar sus emociones de manera más abierta. La terapia de pareja podría ser una herramienta útil para ayudarlos a entender y modificar sus patrones de interacción, fomentando una comunicación más saludable y una mayor comprensión mutua. Sin embargo, este proceso requiere un compromiso significativo y tiempo, ya que cambiar los patrones de apego profundamente arraigados no es una tarea fácil.

Caso de Sandra, con un estilo de apego desorganizado, y Daniel, con un estilo de apego ansioso:

Esta relación llega muchas veces a ser intensa y emocionalmente complexa por las inseguridades y miedos profundos que ambos traen a la relación. Sandra creció en un entorno caótico y poco predecible, que la llevó a desarrollar un apego desorganizado. Sus experiencias de la infancia respecto a su cuidado fueron inconsistentes y en ocasiones con sobresaltos de lo que ella describe como parecido a miedo pero no terror, lo que la dejó con una sensación crónica de inseguridad y confusión en las relaciones. Aunque Sandra realmente quiere una relación de cercanía e intimidad, también teme el rechazo y el abandono, lo que la hace actuar de manera impredecible. Puede alternar entre ser muy cariñosa y luego repentinamente distante y hasta hostil, dependiendo de sus percepciones de la otra persona y las emociones que sienta en ese momento.

Daniel, en contraste, tiene un estilo de apego ansioso porque durante su infancia sus cuidadores fueron inconsistentes en su disponibilidad emocional, dejando como consecuencia una profunda necesidad de aprobación y afecto. Daniel también teme el abandono y por esto puede ser extremadamente dependiente y necesitado en sus relaciones. Busca constantemente la validación y la cercanía de su pareja, a menudo preocupándose excesivamente por la posibilidad de que su pareja lo deje.

Cuando Sandra y Daniel se conocieron y comenzaron una relación, inicialmente encontraron consuelo en su necesidad mutua de cercanía. Sin embargo, pronto emergieron los desafíos. Daniel, con su ansiedad, buscaba constantemente la seguridad y la validación de Sandra, lo que fue abrumador para ella. Sandra, debido a su apego desorganizado, solía responder a esta presión de manera impredecible, a veces brindando el afecto que Daniel deseaba, y otras veces alejándose bruscamente, lo que dejaba a Daniel aún más ansioso e inseguro.

Este ciclo creó una dinámica turbulenta. Daniel se volvió más ansioso y demandante, buscando reafirmación constante, mientras que Sandra se sentía cada vez más atrapada y abrumada, lo que la llevaba a retirarse emocionalmente. Sus interacciones se convirtieron en una montaña rusa de emociones, con períodos de intensa conexión, en los que los dos se sentían muy bien, seguidos de momentos de excesivo conflicto y distanciamiento.

Capítulo 6

Cómo interactúan entre sí los estilos de apego

6.1 Estilo de apego seguro con otra persona que tiene un estilo de apego seguro

Es posible que estas parejas tengan otros problemas (diferencias en la crianza de los niños, discrepancias sobre dinero y gastos, expectativas de cuento de hadas, suegros, etc.), pero en general tienden a comunicarse bien y no terminan en patrones de comunicación disfuncionales con tanta frecuencia. Cuando tienen desacuerdos, porque los hay, por supuesto, su alto sentido de razonabilidad hace que cada problema que enfrentan sea un poco más fácil de afrontar juntos, y contar unos con el otro a menudo se ve recompensado.

Cuando dos individuos con estilos de apego seguro interactúan en una relación, la dinámica generalmente tiene una tendencia positiva, estable y satisfactoria, ya que ambos se sienten cómodos con la intimidad y, como tienen habilidades de comunicación saludables, esto les permite abordar y resolver conflictos de manera constructiva. Se escuchan mutuamente con empatía y respeto, y están dispuestos a comprometerse y buscar soluciones que beneficien a ambos, por eso cuando tienen alguna diferencia, enfrentan el conflicto de manera madura y serena, no reaccionan de manera exagerada, sino que abordan esas discrepancias con una actitud de colaboración y resolución.

La confianza mutua es alta, lo que permite una conexión emocional profunda y segura en la que las dos partes se apoyan mutuamente en sus metas y desafíos personales y profesionales. Este apoyo se brinda generalmente de manera equilibrada y sin condiciones, lo que fortalece el vínculo y fomenta el crecimiento individual y de la pareja. Esto a su vez hace que ambos proporcionen un entorno emocional seguro en el que cada uno se siente valorado y aceptado por quien es. El hecho de que las personas con este estilo de apego no tengan temores constantes de abandono o rechazo reduce el estrés y la ansiedad en la relación.

En este tipo de relación las dos personas disfrutan de su tiempo juntos, pero también valoran y respetan la necesidad de espacio personal y tiempo a solas, lo que les permite mantener un equilibrio saludable entre la independencia y la conexión, combinación fundamental para sentir altos niveles de satisfacción en la relación. Tener su propio sentido interno de seguridad los hace menos egocéntricos y les permite una mayor empatía por los sentimientos de su pareja.

6.2 Estilo de apego seguro con una persona que tiene un estilo de apego ansioso

Cuando una persona con un estilo de apego seguro está en una relación con una pareja que tiene un estilo de apego ansioso, pueden surgir una serie de dinámicas que, aunque resulten retadoras, también ofrecen una oportunidad para el crecimiento y la estabilidad emocional.

La persona con apego ansioso, por su miedo a que su pareja no le responda o la abandone, tiende a buscar constante seguridad y reafirmación. Es muy probable que la pareja que tiene un estilo de apego seguro le ofrezca naturalmente una base emocional estable y segura, brindando a la pareja ansiosa la seguridad y confianza que necesita.

Este comportamiento estable y predecible de la pareja con apego seguro ayuda a calmar las ansiedades de la pareja ansiosa porque le hace sentir que sus necesidades emocionales son satisfechas de manera consistente, que no tiene que luchar por que se las cubran, lo que puede reducir sus niveles de ansiedad con el tiempo, quizás con mucho tiempo, cuando se dé cuenta de que ya no es necesario que su sistema de alerta esté encendido constantemente.

El ansioso pondrá a prueba la paciencia del seguro exigiendo más mensajes de tranquilidad cuando el seguro no pueda responder rápida o tranquilizadoramente. Esto tenderá a llevar al seguro hacia un estilo de apego más evitativo en las interacciones; a pesar de poseer seguridad interna, las exigencias excesivas de la persona ansiosa harían a cualquiera menos paciente.

La pareja segura a veces se sentirá sola al cargar con la mayor parte de la responsabilidad de la estabilidad emocional de la relación. En una crisis, la persona con apego ansioso volverá a la ansiedad y el egocentrismo, y el seguro sentirá eso como si su pareja se hubiera desmoronado.

La influencia positiva de la pareja segura puede proporcionar un entorno en el que la pareja ansiosa pueda trabajar en sus miedos y desarrollar un estilo de apego más seguro. Ya que, como la pareja segura ofrece un apoyo constante y sin condiciones, la pareja ansiosa tiene la oportunidad y el espacio para aprender a confiar más en sí misma y a manejar mejor sus propias emociones, internalizando esta confianza y sintiéndose más segura en la relación.

6.3 Estilo de apego seguro con una persona que tiene un estilo de apego evitativo

Cuando un individuo con un estilo de apego evitativo está en una relación con una pareja que tiene un estilo de apego seguro, la dinámica puede variar ampliamente dependiendo de cómo interactúan los rasgos de cada pareja y cómo manejan sus diferencias.

La pareja evitativa prefiere la distancia emocional y valora la independencia, por lo que puede tener problemas con demasiada cercanía e intimidad emocional, y a menudo se siente abrumada por la necesidad de conexión de su pareja segura. La pareja segura, por otro lado, se siente cómoda con la intimidad y también en la independencia, por lo que puede proporcionar un ambiente estable y comprensivo, ayudando a la pareja evitativa a sentirse segura y respetada.

La estabilidad y la disponibilidad emocional de la pareja segura pueden ayudar a la pareja evitativa a sentirse gradualmente más cómoda con la intimidad y la vulnerabilidad. La paciencia y la constancia que puede brindarle la pareja segura pueden proporcionarle a la parte evitativa un modelo de seguridad para conductas de apego más saludables.

En lo que se refiere al manejo de conflictos, es muy probable que la pareja segura aborde los problemas de manera directa y constructiva, ayudando a facilitar la comunicación abierta y la resolución, aunque la pareja evitativa podría resistirse inicialmente, retirándose porque está acostumbrada a resolver los problemas de forma independiente.

La pareja evitativa puede tener dificultades para ofrecer apoyo emocional constante y puede malinterpretar las necesidades de la pareja segura por sentirla demasiado demandante, también puede sentirse incómoda con las expresiones de dependencia de la pareja segura, percibiéndolas como una amenaza a su autonomía. La pareja segura, en cambio, se siente cómoda con la dependencia e independencia mutuas. Esto puede mostrarle a la pareja evitativa que necesitarse mutuamente es natural y saludable en una relación.

Como la pareja evitativa necesita espacio e independencia, en ocasiones puede interpretarse como frialdad o desinterés, pero en interacción con una pareja segura esto no afectará negativamente como con parejas que tienen un estilo diferente de apego, ya que la pareja segura entiende y respeta la necesidad de espacio y buscará de alguna forma mantener una cercanía emocional. Esta comprensión, lógicamente, puede ayudar a evitar conflictos y malentendidos.

La persona evitativa tenderá a llevar a la pareja segura hacia la ansiedad de apego al no responder bien o no responder en absoluto a mensajes que soliciten tranquilidad. Al igual que con el ansioso, una pareja extremadamente segura puede cambiar gradualmente a la pareja insegura hacia una mayor seguridad, pero a un gran costo de paciencia y esfuerzo.

Si la persona evitativa reconoce el problema y asume cierta responsabilidad de tratar de responder positivamente incluso cuando realmente no tiene ganas, esto puede reorientar gradualmente a la pareja evitativa hacia una comunicación más satisfactoria. Si esto no sucede, es más probable que una persona segura renuncie a la relación y siga adelante, ya que, a diferencia de las personas con apego ansioso, que a menudo mantienen malas relaciones, la pareja segura no tiene tanto miedo de renunciar a una relación porque su miedo al abandono no es extremo y tiene claro cómo desea ser tratada y cuáles son sus límites.

6.4 Estilo de apego seguro con una persona que tiene un estilo de apego desorganizado

Cuando una persona con un estilo de apego seguro está en una relación con alguien que tiene un estilo de apego desorganizado, pueden surgir una variedad de desafíos. La persona que tiene apego seguro puede ofrecer una base estable y segura que lo más probable es que su pareja desorganizada no haya experimentado nunca, finalmente dejándole sentir confianza y seguridad en la relación. Aunque la persona con apego desorganizado puede tener dificultades para confiar plenamente en la estabilidad y la constancia de la relación porque sus experiencias pasadas pueden hacer que sea difícil aceptar y confiar en el amor y la seguridad que ofrece su pareja segura.

Por más tranquilidad que la persona con apego seguro tenga, pueden generarse conflictos y estrés en la relación porque la persona con apego seguro puede sentirse frustrada por la incapacidad de su pareja para confiar y comprometerse plenamente, y la persona con apego desorganizado puede sentirse abrumada por la expectativa de estabilidad y cercanía. La persona que tiene el estilo de apego seguro puede encontrar confuso y difícil de manejar los comportamientos inconsistentes y contradictorios, que pueden incluir fluctuaciones entre la necesidad de cercanía y el temor a la intimidad de quien tiene el estilo de apego desorganizado.

Es probable que, con el tiempo, la influencia de una pareja segura y constante pueda ayudar a la persona con apego desorganizado a desarrollar un mayor sentido de seguridad y estabilidad emocional, aunque lógicamente este proceso puede ser lento y requerir mucha paciencia y apoyo de parte de la pareja y de un terapeuta profesional. Si esto no ocurriera, la baja autoestima del desorganizado hace que sea más probable que sea él o ella quien abandone la relación cuando se vuelve más cercana, íntima y rutinaria, ya que cuanto más se acercan a una persona, más miedo tienen a la pérdida. Entonces, acusar o racionalizar su salida culpando a los defectos de su pareja es menos doloroso de lo que inconscientemente imaginan que sería ser rechazado por su pareja.

6.5 Estilo de apego ansioso con otra persona que tiene un estilo de apego ansioso

Cuando dos personas con un estilo de apego ansioso forman una relación, sus interacciones pueden estar marcadas por mucha intensidad emocional e interdependencia. El apego ansioso se caracteriza por un profundo miedo al abandono y una fuerte necesidad de tranquilidad y validación por parte de la pareja. Cuando los dos en la pareja comparten este estilo de apego, pueden surgir varias dinámicas que provoquen vulnerabilidad.

Ambos anhelan tranquilidad constante y cercanía emocional, lo que lleva a un alto nivel de dependencia mutua y que puede crear un ciclo en el que cada uno busca continuamente la afirmación del otro, lo que potencialmente abruma la relación con necesidades que pueden ser difíciles de satisfacer de forma consistente.

La relación puede caracterizarse por intensos altibajos emocionales, ya que cuando se satisfacen sus necesidades de cercanía y tranquilidad, ambos pueden sentirse extremadamente felices y conectados, pero si cualquiera de los dos percibe una amenaza a la relación, como una percepción de alejamiento, puede provocar ansiedad y angustia significativas en cada uno de ellos.

El miedo al abandono de ambos puede provocar conflictos frecuentes porque cada miembro de la pareja puede malinterpretar los comportamientos del otro como signos de rechazo o desinterés inminente, lo que lleva a discusiones alimentadas por la inseguridad y los celos. Estos conflictos pueden ser emocionalmente agotadores y pueden escalar rápidamente debido a la mayor sensibilidad a los desaires percibidos como reales.

Quizás pueden volverse pegajosos y sobreprotectores, esforzándose por mantener una proximidad y comunicación constantes para calmar sus ansiedades. Este comportamiento, si bien pretende tranquilizar, incluso en una persona con apego ansioso puede tener el efecto contrario, provocando sentimientos de asfixia y mayor inseguridad si uno de los miembros de la pareja comienza a sentirse abrumado.

Pueden caer en un refuerzo de patrones negativos, al reforzar las inseguridades de cada uno y, en lugar de encontrar una manera equilibrada de abordar sus ansiedades, podrían exacerbar los miedos del otro a través de sus interacciones. Esto puede crear un circuito de retroalimentación en el que las dos partes se vuelven cada vez más ansiosas e inseguras.

Puede ser un desafío para ambos establecer límites saludables por su miedo al rechazo o por temor a que esto moleste a su pareja o los lleve al abandono. Esto puede resultar en un enredo, donde el espacio personal y la independencia de ambos se ven comprometidos.

6.6 Estilo de apego ansioso con una persona que tiene un estilo de apego evitativo

Esta es una combinación clásica, aunque generalmente no muy funcional. Los dos estilos crean una dependencia entrelazada llena de estrés y ansiedad para ambos debido a que la persona evitativa confirma en esta relación su visión de los demás como necesitados y pegajosos, y controla la relación repartiendo la suficiente capacidad de respuesta para mantener a su pareja ansiosa y desequilibrada pero atrapada. La pareja ansiosa no está contenta de tener que conformarse con migajas, pero se queda por miedo a estar sola, por miedo a no encontrar nunca otra relación.

Cuando una persona con un estilo de apego ansioso interactúa en una relación con una pareja que tiene un estilo de apego evitativo, pueden surgir varios desafíos debido a sus necesidades emocionales y estilos de comunicación contrastantes. Las personas ansiosas suelen buscar cercanía, conexión emocional y tranquilidad de sus parejas, pero las personas evitativas pueden tener dificultades para expresar emociones, ser afectuosos o vulnerables. Este desajuste en los estilos de comunicación puede provocar malentendidos y frustración.

Las personas evitativas tienden a priorizar la independencia y pueden retirarse emocionalmente para evitar que salga a la luz su vulnerabilidad, y esta distancia emocional puede desencadenar ansiedad e inseguridad en su pareja ansiosa, que puede interpretar la falta de capacidad de respuesta emocional como un signo de rechazo o desinterés.

Las personas ansiosas generalmente anhelan una intimidad emocional profunda y pueden desear contacto frecuente y afirmación de sus parejas, pero las personas evitativas pueden sentirse incómodas con una cercanía e intimidad excesivas y prefieren más espacio y autonomía. Esta diferencia en las necesidades de intimidad puede generar sentimientos de expectativas insatisfechas y, por lo tanto, insatisfacción en ambas partes.

Las personas evitativas pueden ser inconsistentes en sus respuestas a las necesidades emocionales de sus parejas ansiosas, pueden alternar entre períodos de distancia emocional y breves momentos de conexión, y esto puede resultar confuso y desestabilizador para la parte de la pareja que es ansiosa.

La tendencia de la pareja evitativa a retraerse o minimizar las interacciones emocionales puede desencadenar sentimientos de inseguridad y miedo en la pareja ansiosa, reforzando sus temores de no ser amada o de ser abandonada.

Las personas evitativas pueden evitar o descartar discusiones sobre cuestiones de relación, prefiriendo minimizar el conflicto o mantener una distancia emocional. Esto puede hacer que la pareja ansiosa se sienta frustrada y no escuchada, lo que exacerbará su ansiedad y su sensación de inestabilidad.

Buscar constantemente tranquilidad y validación de una pareja evitativa que no puede brindarlas puede erosionar la autoestima de la pareja ansiosa con el tiempo. Pueden internalizar sentimientos de insuficiencia o indignidad, creyendo que ellos mismos son la causa del distanciamiento emocional de su pareja.

6.7 Estilo de apego ansioso con una persona que tiene un estilo de apego desorganizado

Aquí sucede algo parecido a la combinación ansiosa con evitativa, pero menos estable porque la pareja desorganizada se sentirá menos cómoda con las constantes solicitudes de tranquilidad de la pareja ansiosa y será menos probable que tolere una relación larga en la que tiene que dedicarse a evitar la intimidad. Si la pareja desorganizada permitiera que se desarrolle una verdadera cercanía, eso desencadenaría su ansiedad, y si se mantienen alejados, la pareja ansiosa se sentirá descontenta y aumentará el nivel de persecución para acercarse.

Por lo anterior, cuando alguien que tiene un estilo de apego ansioso está en una relación con una persona que tiene un estilo de apego desorganizado, la dinámica de la relación puede ser particularmente intensa. Lo que busca la persona que tiene un estilo de apego ansioso es que le den tranquilidad y validación constantes, esto por su temor al abandono y su sensibilidad a las señales que puede percibir o interpretar como rechazo. Y como la pareja que tienen un estilo de apego desorganizado, por sus propios miedos, suele tener una combinación de conductas ansiosas y evitativas, impredecibles e inconsistentes en sus reacciones, este comportamiento puede ocasionar en la persona ansiosa mucha inseguridad que exacerba aún más su ansiedad.

Esa necesidad de sentir tranquilidad constante de la pareja ansiosa puede desencadenar el miedo y las conductas de evitación de la pareja desorganizada, llevando a un ciclo en el que la pareja ansiosa persigue más intensamente la sensación de tranquilidad, mientras que la pareja desorganizada puede sentirse abrumada y asustada por las exigencias de tranquilidad y cercanía de su pareja ansiosa, entonces se retira o reacciona de manera impredecible, creando una dinámica en espiral en una relación turbulenta.

La pareja ansiosa generalmente busca resolver los conflictos rápidamente para recuperar una sensación de seguridad y cercanía., pero en relación con una pareja desorganizada, que puede evitar conflictos o reaccionar de manera desconectada, se dificulta la resolución de problemas de manera constructiva. La reacción de ambas personas, basadas en el miedo, pueden llevar a una escalada de conflictos y malentendidos de proporciones muy altas.

El problema más grande para ambos es vivir en una relación en la que tienen dificultades constantes para crear una sensación de seguridad emocional.

6.8 Estilo de apego evitativo con una persona que tiene un estilo de apego desorganizado

Este es un tipo de relación que estadísticamente es poco común, probablemente porque ninguno de los dos estilos es muy bueno en acercarse. Cuando una persona con un estilo de apego evitativo está en una relación con una pareja que tiene un estilo de apego desorganizado, la dinámica de la relación puede ser particularmente desafiante y bastante compleja.

La pareja desorganizada tiene una combinación de conductas ansiosas y evitativas, muchas veces impredecibles e inconsistentes debido al miedo y al trauma que están debajo de lo que uno puede ver de ellos. Como su comportamiento puede oscilar entre buscar cercanía y alejar a la pareja, una persona con estilo de apego evitativo puede sentirse abrumado por la intensidad, ya que prefiere la distancia emocional y valora la independencia.

La necesidad de distanciamiento de la pareja evitativa puede desencadenar el miedo al abandono de la pareja desorganizada, lo que por supuesto tienen una posibilidad grande de llevarle a reacciones impredecibles. Por otro lado, el comportamiento inconsistente de la pareja desorganizada puede confundir y frustrar a la pareja evasiva, provocando conflictos y falta de comunicación.

El ciclo de retirada y persecución de la pareja desorganizada, en la que a veces puede buscar intensa cercanía y seguridad o retirarse o actuar de forma errática, puede reforzar el deseo de la pareja evitativa de mantener la distancia emocional, y esto producirá un alejamiento que marcará la relación con una comunicación más cerrada y todavía menos frecuente entre ellos. Esto hará que la pareja con estilo de apego desorganizado se sienta cada vez más insegura y temerosa debido a la indisponibilidad emocional y el retraimiento de la pareja evitativa, lo que la llevará a sentir una mayor cantidad de ansiedad y detonará su comportamiento errático.

Puede serles difícil a ambos establecer una relación de confianza debido a la renuencia de la pareja evitativa a involucrarse emocionalmente y al comportamiento inconsistente e impredecible de la pareja desorganizada. La falta de una conexión emocional estable y predecible puede hacer que ambos se sientan inseguros y baje considerablemente la satisfacción de ambos en la relación.

La relación puede convertirse en general en una montaña rusa emocional, con períodos de conexión intensa seguidos de un retraimiento repentino o de conflictos en los que el diálogo que podría propiciar un acercamiento se complique por la falta de herramientas para una buena comunicación. La mezcla del comportamiento impredecible de la pareja con apego desorganizado y la constante necesidad de retiramiento de la pareja evitativa lleva a la pareja a una dinámica muy volátil.

Finalmente, en una relación entre estos dos estilos, el desorganizado encontraría que la falta de mensajes del evitativo le produce mucha ansiedad, y la pareja evitativa no recibiría tanta atención que estimule su ego como la que obtendría de otros estilos de apego.

6.9 Estilo de apego evitativo con una persona que tiene un estilo de apego evitativo

Cuando dos personas que tienen estilo de apego evitativo tienen una relación, pueden surgir varias dinámicas que impactarán la intimidad, la comunicación y por ende también la satisfacción general de la relación. Empezando porque ambos tienden a evitar la intimidad emocional y prefieren mantener una distancia emocional para sentirse seguros y esto puede llevar a una relación donde ambos se sienten desconectados y donde la cercanía emocional es limitada. Sin una pareja provocando cercanía ni dispuesta a hacer parte del trabajo de comunicación, el desinterés de ambos tenderá a terminar rápidamente la relación incluso bajo tensiones menores.

El hecho de que las dos partes valoran su independencia y autonomía puede hacer que por un lado les beneficie porque evitan depender del otro ya que dependen en gran medida de sí mismos para satisfacer sus necesidades emocionales, pero puede ser negativo en términos de construir una conexión de pareja profunda y significativa y de la misma forma puede resultar en sentir falta de apoyo mutuo y en la ausencia de un verdadero sentido de unión en la relación.

El ser evitativos hará que justamente evadan confrontaciones y conflictos para mantener la paz superficial, pero esta estabilidad externa en la que no hay conflictos abiertos puede ser engañosa y enmascarar una falta de conexión real que no solo generará una acumulación de problemas no resueltos y a una falta de comunicación efectiva sobre necesidades y sentimientos importantes de cada uno, sino que mantener la relación en un nivel superficial, y evadiendo discusiones profundas en las que se pueden expresar emociones vulnerables puede resultar en una falta de profundidad y desconexión en la relación, lo cual con el tiempo llevara a una sensación de vacío e insatisfacción.

6.10 Estilo de apego desorganizado con otra persona que tiene un estilo de apego desorganizado

Ya que el estilo de apego desorganizado es poco común, esta combinación de estilos en una misma relación es muy poco frecuente. Cuando dos personas con estilos de apego desorganizado están en una relación, la dinámica puede ser extremadamente compleja y muchas veces caótica. El apego desorganizado, caracterizado por una combinación de conductas ansiosas y evitativas y que está arraigado en un trauma no resuelto o en un plano inconsistente, puede conducir a interacciones impredecibles y contradictorias, justamente porque ambos pueden exhibir reacciones emocionales intensas que oscilen entre extremos de cercanía y retraimiento. Estas interacciones pueden estar marcadas por períodos de intensa conexión seguidos, quizás inmediatamente, de un repentino desapego, creando una relación tumultuosa en la que lo único estable es la inestabilidad.

El miedo profundo que las dos partes tienen al abandono y al rechazo, junto con dificultades para confiar en los demás pueden desencadenar un ciclo de desconfianza y comportamientos defensivos, lo que dificulta que cualquiera de las dos personas se sienta segura y comprendida.

La relación puede caracterizarse por comportamientos erráticos e impredecibles. Uno de los miembros de la pareja puede buscar cercanía y tranquilidad en un momento y luego alejar al otro al siguiente, creando una imprevisibilidad que puede generar confusión, frustración y una mayor ansiedad para ambos.

Recordemos que para una persona con estilo de apego desorganizado la regulación de sus emociones es un reto por sí mismo, entonces un conflicto entre dos personas con este estilo de apego tiene la posibilidad de llevar a discusiones intensas, sin que ninguno se sienta lo suficientemente seguro como para reducir la tensión o resolver los problemas de manera constructiva, entonces ambos volverse muy emocionales y volátiles. Así, sus interacciones pueden reforzar sus patrones de apego negativos, y sin intervención, estos patrones pueden arraigarse profundamente, dificultando romper el ciclo disfuncional.

Por todo lo anterior, crear una sensación de seguridad emocional puede resultar particularmente desafiante en esta relación. Con las dos personas teniendo dificultades para sentirse seguros y apoyados y percibiendo a menudo las acciones del otro como amenazas o traiciones, el desarrollo de una relación estable y enriquecedora está llena de obstáculos.

Capítulo 7

Identifica tu estilo de apego

7.1– Test 1 - Descubre tu estilo de apego *(seguro, ansioso o evitativo)*

Indica cómo te sientes normalmente hacia una relación romántica. Ten en cuenta que no hay respuestas correctas o incorrectas. Utiliza la escala de 7 puntos que se proporciona a continuación y circula el número apropiado para cada afirmación.

1   2   3   4   5   6   7

Para nada de acuerdo   Totalmente de acuerdo

1. Me resulta relativamente fácil acercarme a los demás.
2. No me siento muy cómodo dependiendo de otras personas.
3. Me siento cómodo con que otros dependan de mí.
4. Rara vez me preocupo por ser abandonado por otros.
5. No me gusta que la gente se acerque demasiado a mí.
6. Me siento algo incómodo estando demasiado cerca de los demás.
7. Me resulta difícil confiar completamente en los demás.
8. Me pongo nervioso cada vez que alguien se me acerca demasiado.
9. Otros a menudo quieren que tenga más intimidad de la que me siento cómodo.

10. Otros a menudo se muestran reacios a acercarse tanto como a mí me gustaría.

11. A menudo me preocupa que mi(s) pareja(s) no me quiera(n) realmente.

12. Rara vez me preocupo de que mi(s) pareja(s) me deje(n).

13. A menudo quiero fusionarme completamente con los demás y este deseo a veces los aleja.

14. Estoy seguro de que otros nunca me harían daño al terminar repentinamente nuestra relación.

15. Normalmente quiero más cercanía e intimidad que los demás.

16. Rara vez me viene a la mente la idea de que otros me abandonen.

17. Tengo confianza en que mi(s) pareja(s) me ama(n) tanto como yo los amo.

Resultados:

- ***Evitativo:*** *1, 2, 3, 5, 6, 7, 8, 9. Las puntuaciones más altas en esta dimensión reflejan una mayor evitación.*
- ***Ansioso:*** *4, 10, 11, 12, 13, 14, 15, 16, 17. Las puntuaciones más altas en esta dimensión reflejan una mayor ansiedad.*
- ***Seguro:*** *se define por puntuaciones más bajas en ambas escalas.*

Simpson, J. A., Rholes, S. W., & Phillips, D. (1996). Conflict in close relationships: An attachment perspective. *Journal of Personality and Social Psychology, 71,* 899-914. doi: 10.1037/0022-3514.71.5.899.

7.2 – Test 2 - Descubre tu estilo de apego en las relaciones

Indica en cada una de las afirmaciones cómo te sientes normalmente hacia una relación romántica. Ten en cuenta que no hay respuestas correctas o incorrectas. Utiliza la escala de 7 puntos que se proporciona a continuación:

1. *Totalmente en desacuerdo*
2. *En desacuerdo*
3. *Algo en desacuerdo*
4. *Neutro*
5. *Algo de acuerdo*
6. *De acuerdo*
7. *Totalmente de acuerdo*

a. Me resulta fácil acercarme a los demás y me siento cómodo dependiendo de ellos.
b. Me siento cómodo expresando mis sentimientos y necesidades en mis relaciones.
c. Creo que la mayoría de la gente es digna de confianza.
d. Tengo confianza en que mi pareja estará ahí para mí cuando la necesite.
e. Me siento cómodo estando solo, pero también disfruto pasar tiempo con los demás.

Estilo de apego seguro   *Puntaje:*

a. Me preocupa que mi pareja no me quiera realmente o no quiera seguir conmigo.
b. Necesito mucho cariño de mi pareja para sentirme seguro en la relación.
c. A menudo me siento celoso o posesivo con mi pareja.

d. Tiendo a pensar demasiado y a obsesionarme en mis relaciones.

e. Tengo miedo de estar solo y a menudo me siento solo, incluso cuando estoy en una relación.

Estilo de apego ansioso puntaje:

A. Prefiero mantener la distancia en mis relaciones y mantener mi independencia.

B. Me siento incómodo expresando mis sentimientos y necesidades en mis relaciones.

C. Tiendo a restar importancia al valor que tienen las relaciones románticas en mi vida.

D. Me resulta difícil confiar en los demás o depender de ellos para recibir apoyo.

E. A menudo siento que mi pareja está demasiado necesitada o pegajosa.

Estilo de apego evitativo   *Puntaje:*

A. A menudo me siento dividido entre el deseo de estar cerca de los demás y el miedo a ser herido o rechazado.

B. He tenido algunas experiencias traumáticas en mis relaciones pasadas que me dificultan confiar en los demás.

C. Tiendo a alejar a la gente cuando empiezo a sentirme demasiado vulnerable.

D. Lucho con sentimientos de insuficiencia y a menudo me preocupa que no soy digno de amor.

E. Me cuesta sentirme seguro en mis relaciones, incluso cuando mi pareja me muestra que me ama y apoya.

Resultados e interpretación:

- **Estilo de apego seguro. 24-35** Los individuos con un estilo de apego seguro tienden a tener expectativas positivas sobre las relaciones, se sienten cómodos con la intimidad y la cercanía y son capaces de regular sus emociones en las relaciones.

- **Estilo de apego ansioso. 20-23** Los individuos con un estilo de apego ansioso tienden a tener una gran necesidad de cercanía e intimidad, pero también se preocupan por el abandono y el rechazo. ¡Puede que sean demasiado dependientes! en su pareja para validación y tranquilidad.

- **Estilo de apego evitativo. 12-19** Los individuos con un estilo de apego evitativo tienden a valorar su independencia, prefieren la distancia y la autosuficiencia en las relaciones y se sienten incómodos expresando sus emociones o buscar apoyo de otros.

- **Estilo de apego desorganizado. 5-11** Los individuos con un estilo de apego desorganizado tienden a tener deseos conflictivos de cercanía e independencia en las relaciones. Pueden evitar la intimidad por miedo al rechazo o al abandono, pero también se sienten solos cuando están solos.

7.3 – Test 3 - Descubre tu estilo de apego

Instrucciones: Lee cada afirmación y marca la opción que mejor describe cómo te sientes generalmente en tus relaciones (románticas, familiares o de amistad). Usa la siguiente escala:

1. Totalmente en desacuerdo
2. En desacuerdo
3. Neutro
4. De acuerdo
5. Totalmente de acuerdo

1. Me siento incómodo cuando alguien se me acerca demasiado.

   o   1 2 3 4 5

2. Me preocupa mucho ser abandonado por las personas que me importan.

   o   1 2 3 4 5

3. Prefiero no depender de otros y no dejar que otros dependan de mí.

   o   1 2 3 4 5

4. Me siento seguro y confiado en mis relaciones más cercanas.

   o   1 2 3 4 5

5. Necesito constantemente reafirmación y aprobación de la persona que quiero.

o   1 2 3 4 5

6. Me cuesta confiar en las personas completamente.

o   1 2 3 4 5

7. Me resulta fácil ser cariñoso y abierto con los demás.

o   1 2 3 4 5

8. Me pongo ansioso si no sé lo que piensan los demás de mí.

o   1 2 3 4 5

9. Me siento incómodo al expresar mis sentimientos a la persona que me importa.

o   1 2 3 4 5

10. Me siento cómodo dependiendo de los demás y dejando que ellos dependan de mí.

o   1 2 3 4 5

11. Me preocupo mucho por mis relaciones y me pregunto si soy lo suficientemente bueno para la persona que amo.

o   1 2 3 4 5

12. Prefiero mantener una cierta distancia emocional en mis relaciones.

o   1 2 3 4 5

Interpretación de resultados:

- **Apego seguro:** Mayoría de respuestas en (4) o (5) para las preguntas 4, 7 y 10.
- **Apego ansioso:** Mayoría de respuestas en (4) o (5) para las preguntas 2, 5 y 8.
- **Apego evitativo:** Mayoría de respuestas en (4) o (5) para las preguntas 1, 3 y 6.
- **Apego desorganizado:** Mayoría de respuestas en (4) o (5) para las preguntas 2, 5 y 11, combinado con (4) o (5) en preguntas 1, 3 y 9.

Capítulo 8

Herramientas prácticas para desarrollar un apego seguro

La forma en que actuamos bajo ciertas circunstancias no define el resto de nuestras vidas ni todas las relaciones futuras, esta es solo una pequeña pieza del rompecabezas de tu vida.

Tu mente subconsciente almacena toda la información y las experiencias que dan forma a tu estilo de apego. Si bien estos patrones están profundamente arraigados, se puede acceder a ellos y modificarlos, para esto, comprender los procesos subconscientes detrás de tus conductas de apego es el primer paso hacia el cambio.

Una relación debe ser un lugar donde ambos puedan ser vulnerables sin miedo a ser juzgados, y aunque cultivar un apego seguro requiere esfuerzo y dedicación de ambas partes, con el tiempo y la práctica, estas estrategias pueden ayudar a construir una relación sólida y segura.

Nuestros comportamientos pueden desaprenderse y reemplazarse por otros nuevos, la realidad es que haber tenido una o varias relaciones fallidas no significa que tengas un estilo de apego inseguro. Todo lo que necesitas es la persona y la relación adecuadas para revertir tu forma de conectar.

Cambiar tu estilo de apego es un viaje que implica autorreflexión, crecimiento emocional y en ocasiones, buscar apoyo externo. Al comprometerte a comprenderte mejor a ti mismo y desarrollar hábitos de relación más saludables, podrás avanzar gradualmente hacia un estilo de apego más seguro.

8.1 Cómo desarrollar un estilo de apego seguro para quienes tienen un estilo de apego ansioso

Para personas ansiosas, desarrollar un estilo de apego seguro implica fomentar la confianza en sí mismos, desarrollar mecanismos saludables para afrontar la ansiedad y mejorar las habilidades de comunicación para expresar necesidades y preocupaciones de manera constructiva.

Si tu estilo de apego es ansioso, puedes comenzar a practicar lo siguiente:

- Cambiar el sistema de creencias que tienes actualmente sobre ti mismo. Eres valioso, nadie te da o te quita valor.
- Desarrollar tu sentido de autoestima, las personas con estilos de apego ansioso suelen ser muy críticas consigo mismas y buscan la validación de su pareja en vez de su propia validación.
- Practicar el cuidado personal, tu importas, ten autocompasión.
- Aprender a establecer límites saludables, deja de sacrificar tus propias necesidades físicas y emocionales para complacer a tu pareja.
- Practicar la reflexión, pregúntate ¿Qué valoro en una relación? ¿Cómo quiero sentirme cuando estoy en una relación? ¿Cuáles son mis factores decisivos? ¿Cuáles son mis valores no negociables?
- Mejorar tus habilidades comunicativas para poder expresar tus necesidades y emociones de manera asertiva y respetuosa, evitando al mismo tiempo la crítica y la culpa.
- Tomar terapia, para explorar formas de generar vínculos más seguros.
- Dejar de lado la expectativa de que puedes lograr que alguien cambie.

- Entender que si tus necesidades o tus valores no están siendo cubiertos en tu relación, es simplemente porque le estás pidiendo a la persona equivocada que los cubra, tú puedes cubrir tus necesidades.

8.2 Cómo desarrollar un estilo de apego seguro para quienes tienen un estilo evitativo

El apego evitativo puede presentar desafíos significativos en las relaciones, ya que el evitar de la intimidad puede llevar a la desconexión y al aislamiento emocional. Al aprender a confiar en los demás y a valorar la intimidad emocional, las personas con apego evitativo pueden mejorar significativamente la calidad de sus relaciones.

Si tu estilo de apego es evitativo, puedes empezar a practicar estos comportamientos:

- Comenzar con pequeños actos de apertura emocional, como compartir pensamientos y sentimientos en conversaciones cotidianas.
- Terapia: Buscar la ayuda de un terapeuta para explorar y entender las raíces del comportamiento evitativo y trabajar en estrategias para abrirte emocionalmente.
- Crear Espacios Seguros para la Intimidad estableciendo un ambiente de confianza y respeto mutuo donde ambos se sientan seguros para compartir sus sentimientos sin miedo al juicio o rechazo.
- Dedicar tiempo de calidad a la relación, participando en actividades que ambos disfruten y que fomenten la conexión emocional.
- Ser paciente con uno mismo y con la pareja, comprendiendo que abrirse emocionalmente lleva tiempo y esfuerzo.

- Identificar y desafiar los pensamientos negativos y los patrones de desconfianza hacia la pareja.
- Practicar la Empatía tratando de ponerte en el lugar de tu pareja y entender sus necesidades y sentimientos.
- Aceptar que la vulnerabilidad es una parte esencial de las relaciones íntimas y comprometerse a ser más abierto y accesible emocionalmente.
- Priorizar períodos más largos de tiempo con los demás.
- Practicar el quedarte cuando sientas la necesidad de huir.
- Compartir más detalles sobre ti, tu día a día y experiencias pasadas.

8.3 Cómo desarrollar un estilo de apego seguro para quienes tienen un estilo desorganizado

Para aprender a construir relaciones seguras, primero debes aprender a confiar en las personas. Esto suena fácil, pero para los adultos con un estilo de apego desorganizado, puede ser todo un desafío. Por esta razón, quizás sea mejor empezar con calma y no esforzarse.

Puedes empezar a practicar estos comportamientos:

- Buscar ayuda de un terapeuta especializado en trauma y apego para entender y sanar las heridas emocionales del pasado.
- Aprender a entender y regular tus emociones
- Aprender a identificar tus desencadenantes emocionales.
- Practicar la autocompasión y el cuidado personal para mejorar la relación contigo mismo y, a su vez, con los demás.
- Establecer patrones de comportamiento consistentes.

- Adquirir herramientas de comunicación que te ayuden a expresarte asertivamente manteniendo el control de tus emociones y respetando al otro.
- Fomentar una comunicación clara y abierta con tu pareja, expresando tus necesidades y sentimientos.
- Trabajar en el establecimiento y mantenimiento de límites saludables en tu relación para proteger el bienestar emocional de ambos.
- Trabajar en la construcción de tu autoconfianza y de la confianza mutua, siendo consistentes y fiables en las acciones y palabras.
- Practicar la empatía y el entendimiento hacia la pareja, reconociendo sus esfuerzos y desafíos en la relación.

8.4 Cómo desarrollar un estilo de apego seguro para todos los estilos de apego

Prácticas generales:

- Identifica tu estilo de apego actual, comprende si tienes un estilo de apego ansioso, evitativo, desorganizado o seguro es el primer paso. Esta autoconciencia puede surgir de la introspección y de la reflexión sobre tus pensamientos, sentimientos y comportamientos en las relaciones.
- Explora las raíces de tu estilo de apego, reflexionando sobre tu educación y tus primeras relaciones con tus cuidadores, comprender su pasado puede proporcionar información sobre por qué desarrollaste tu estilo de apego actual.
- Desafía las creencias negativas sobre ti mismo, los demás y las relaciones, cuestiona estas creencias examinando evidencia que las respalde o las contradiga.

- Fomenta la autoestima y la autoconfianza, trabaja en el entendimiento y la aceptación de ti mismo, reconocer las fortalezas y las áreas de mejora es el primer paso para una relación exitosa.
- Mantén un equilibrio entre las necesidades de la relación y las propias necesidades individuales, dedicando tiempo al autocuidado y al desarrollo personal.
- Tener una comunicación abierta y honesta sin miedo de compartir lo que tu sientes y necesitas con tu pareja. La honestidad fortalece la conexión.
- Practicar la escucha activa prestando atención a lo que tu pareja dice sin interrumpir y mostrando empatía hacia sus sentimientos y perspectiva, sin criticar, sin aconsejar y sin juicio.
- Mostrar comprensión y apoyo hacia los sentimientos y experiencias de tu pareja.
- Cuando tu pareja esté pasando por un momento difícil, sé una fuente de consuelo y apoyo.
- Cumple tus promesas, si dices que harás algo, hazlo. La consistencia en tus acciones construye confianza.
- La transparencia es crucial para la confianza, no ocultes información importante o relevante sobre ti mismo, ni aunque pienses que proteges a la otra persona al hacerlo.
- Crea recuerdos compartidos, planea actividades juntos que disfruten ambos, no hace falta que sea un viaje costoso, simplemente pasar tiempo de calidad.
- Establece rituales diarios o semanales, esto puede ayudar mucho a fortalecer la conexión y crear un sentido de seguridad en la relación.
- Valora las diferencias, reconoce y respeta las diferencias individuales y las opiniones o perspectivas de tu pareja.
- Define y respeta tus límites, así como los de tu pareja.
- Fomenta la independencia apoyando el crecimiento personal y profesional individual tuyo y el de tu pareja.

- En lugar de evitar los conflictos, enfréntalos de manera calmada y constructiva. No se trata de ganar la discusión sino de avanzar, trabaja en conjunto para encontrar soluciones que satisfagan a ambos.
- Crea un ambiente seguro, asegúrate de que ambos se sientan física y emocionalmente seguros en la relación.
- Aprecia y celebra los logros y avances de tu pareja.
- Construye una cultura de apreciación dentro de la pareja expresando tu agradecimiento por las pequeñas cosas que hace tu pareja.
- Considera la terapia, no dudes en buscar la ayuda de un terapeuta individual o de pareja para trabajar en áreas problemáticas y mejorar la relación.

Quiero recordarte que cada relación, ya sea con amigos, familiares o parejas, es una oportunidad para crecer y aprender. No importa cuál sea tu estilo de apego actual, ni cuántos desafíos hayas enfrentado en el pasado, lo crucial es el compromiso constante con tu propio desarrollo emocional y la disposición a implementar cambios positivos.

No olvides que las relaciones sanas se construyen sobre la base del respeto mutuo, la comunicación abierta y la empatía. Aprender a reconocer y gestionar tus propias emociones, así como comprender las necesidades emocionales de los demás, es clave para cultivar conexiones más profundas y significativas.

Finalmente, sé amable contigo mismo. El camino hacia un apego más seguro puede ser un proceso gradual, en el que podemos celebrar cada paso adelante, por pequeño que parezca, porque cada esfuerzo que hacemos en nuestro propio crecimiento emocional contribuye positivamente a nuestras relaciones y a nuestro bienestar emocional.

Bibliografía

- Behan, C. (2020). The benefits of meditation and mindfulness practice during times of crisis such as COVID-19. *National Center for Biotechnology Information.* https://www.ncbi.nlm.nih.gov/pmc/articles/PMC7287297/

- Duschinsky, R. (2018). Disorganization, fear, and attachment: Working towards clarification. National Center for Biotechnology Information. https://www.ncbi.nlm.nih.gov/pmc/articles/PMC5817243

- Paetzold, R., & et al. (2015). Disorganized attachment in adulthood: Theory, measurement, and implications for romantic relationships. *ResearchGate*. https://www.researchgate.net/publication/277944260_Disorganized_Attachment_in_Adulthood_Theory_Measurement_and_Implications_for_Romantic_Relationships

- Ainsworth, M. D., & Bell, S. M. (1970). Attachment, exploration, and separation: Illustrated by the behavior of one-year-olds in a strange situation. *Child Development*, 41(1), 49-67.

- Bowlby, J. (1982). *Attachment and loss: Volume 1. Attachment* (2nd ed.). Basic Books.

- Mikulincer, M., & Shaver, P. R. (2007). *Attachment in adulthood: Structure, dynamics, and change.* Guilford Press.

- Berry, K., Barrowclough, C., & Wearden, A. (2006). Attachment styles, interpersonal relationships, and psychotic phenomena in a non-clinical student sample. *Personality and Individual Differences*, 41(5), 707-718.

- Fairburn, C. G., Cooper, Z., & Shafran, R. (2003). Cognitive behavior therapy for eating disorders: A 'transdiagnostic' theory and treatment. *Behaviour Research and Therapy*, 41(5), 509-528.

- Wearden, A. J., Peters, S., Berry, K., Barrowclough, C., & Liversidge, T. (2005). Adult attachment, alexithymia, and symptom reporting: An extension to the four-category model. *Journal of Psychosomatic Research*, 58(3), 279-288.

- Ainsworth, M. S., Blehar, M. C., Waters, E., & Wall, S. (1978). *Patterns of attachment: A psychological study of the strange situation*. Lawrence Erlbaum Associates.

- Baron, R. M., & Kenny, D. A. (1986). The moderator–mediator variable distinction in social psychological research: Conceptual, strategic, and statistical considerations. *Journal of Personality and Social Psychology*, 51(6), 1173-1182.

- Barrowclough, C., Gooding, P., Hartley, S., Lee, R., & Wearden, A. (2003). Self-esteem in schizophrenia: Relationships between self-evaluation, family attitudes, and symptomatology. *Journal of Abnormal Psychology*, 112(1), 92-102.

- Bartholomew, K., & Horowitz, L. M. (1991). Attachment styles among young adults: A test of a four-category model. *Journal of Personality and Social Psychology*, 61(2), 226-244.

- Beck, A. T. (1964). Thinking and depression: II. Theory and therapy. *Archives of General Psychiatry*, 10(6), 561-571.

- Favez, N., & Tissot, H. (2019). Fearful-avoidant attachment: A specific impact on sexuality? *Journal of Sex & Marital Therapy*, 45(6), 510-523.

- Beck, A. T., Rush, A. J., Shaw, B. F., & Emery, G. (1979). *Cognitive therapy of depression*. Guilford Press.

- Berry, K., Barrowclough, C., & Wearden, A. (2007). Attachment styles, earlier relationships, and schizotypy in a non-clinical sample. *Psychology and Psychotherapy: Theory, Research and Practice*, 80(4), 563-576.

- Gibson, T. (2020). *Attachment theory: A guide to strengthening the relationships in your life.* Amazon Digital Services.
- Ainsworth, M. D. S., & Bell, S. M. (1970). Apego, exploración y separación: Ilustrado por el comportamiento de niños de un año en una situación extraña. *Desarrollo Infantil*, 41, 49-67.
- Bowlby, J. (1980). *Pérdida: Tristeza y depresión. Apego y pérdida (Vol. 3).* (Biblioteca Psicolítica Internacional no. 109). Hogarth Press.
- Garrido-Rojas, L. (2006). Apego, emoción y regulación emocional: Implicaciones para la salud. *Revista Latinoamericana de Psicología*, 38(3), 493-507.
- Papalia, D. E., Olds, S. W., & Feldman, R. D. (2005). *Psicología del desarrollo de la infancia a la adolescencia.* McGraw-Hill.
- Main, M., & Hesse, E. (1990). Parents' unresolved traumatic experiences are related to infant disorganized attachment status: Is frightened and/or frightening parental behavior the linking mechanism? *Journal of Consulting and Clinical Psychology*, 58(3), 369-375.
- Beeney, J. E., Wright, A. G. C., Stepp, S. D., Hallquist, M. N., Lazarus, S. A., Scott, L. N., & Pilkonis, P. A. (2017). Disorganized attachment and personality functioning in adults: A latent class analysis. *Personality Disorders: Theory, Research, and Treatment*, 8(3), 206-216.
- Maciá, C. O. (n.d.). Influencia del vínculo de apego. *Futur*, 1695, 151.
- McLeod, S. A., & Bowlby, J. (2008). Mary Ainsworth.
- Rodriguez, G. M. (2009). *Validación del método de la situación extraña en niños argentinos entre 1 y 3 años.* Universidad Nacional de Córdoba.

- Sánchez, R. M. (2021). Crítica de la teoría del apego de Bowlby y Ainsworth: Según defiende la corriente más crítica, la enorme popularidad de la teoría del apego es muy superior a la evidencia científica que la sostiene. *Fuentes* (23).

Lecturas recomendadas

Las virtudes que llevan a la felicidad (Leonel Ramírez Godoy)

El amor tiene segundas partes. Ama y ámate a ti mismo (Yusleydi Fernández del Monte)

Problemas de pareja. Camino a la disfunción familiar (Roberto René Ramírez Bengoa)